Ludger Helming-Jacoby

Zeugnissprüche
und Sprüche aus dem Hauptunterricht
einer Waldorfschule

D1734530

Ludger Helming-Jacoby

Zeugnissprüche

und Sprüche aus dem Hauptunterricht
einer Waldorfschule

Flensburger Hefte Verlag

ISBN 3-926841-95-8

2. Auflage, 2003

© Flensburger Hefte Verlag GmbH, Flensburg 2000, 2003
Titelabbildung: Eva Jacoby (in der 7. Klasse gemalt)
© Fotos: Ludger Helming-Jacoby
Alle Rechte, auch die des auszugsweisen Nachdrucks,
der fotomechanischen Wiedergabe und der
elektronischen Nutzung, vorbehalten.

Satz: Flensburger Hefte
Druck: Media-Print PerCom GmbH & Co. KG
Westerrönfeld bei Rendsburg

Inhalt

Zu den Zeugnissprüchen

Die Zeugnissprüche, die sich in diesem Buch finden, stammen aus den Jahren 1983–1999. In dieser Zeit begleitete ich zweimal eine Klasse als Klassenlehrer von der 1. bis zur 8. Klasse, zunächst an der Kölner, dann an der Lübecker Waldorfschule. Es sei kurz skizziert, was es mit den Zeugnissprüchen auf sich hat: Das Zeugnis, das die Schüler an der Waldorfschule jeweils zum Schuljahresende bekommen, hat die Form eines „Entwicklungsberichts", in dem die Lernfortschritte des betreffenden Kindes vom Klassenlehrer ausführlich, von den Fachlehrern in Form kürzerer Bemerkungen charakterisiert werden. (In der Oberstufe, ab Klasse 9, wird der tägliche Hauptunterricht nicht mehr von einem Klassenlehrer, sondern von verschiedenen Oberstufenlehrern erteilt; dementsprechend erstellen diese neben den Fachlehrern das Zeugnis.) Rudolf Steiner gab den Lehrern der ersten Waldorfschule in Stuttgart die Anregung, jedem Kind für sein Zeugnis einen Spruch zu geben, „der für die Individualität des Kindes richtunggebend sein kann, als Leitmotiv für die Zukunft",[1] „eine Art Lebensgeleitspruch"[2] für das folgende Schuljahr. Seitdem ist der Zeugnisspruch wichtiger Bestandteil der Zeugnisse in der Klassenlehrerzeit; er wird von den Kindern gelernt und regelmäßig – üblicherweise einmal in der Woche – vor der Klasse aufgesagt.

---

1. Rudolf Steiner: Konferenzen mit den Lehrern der Freien Waldorfschule in Stuttgart. GA 300/1, Dornach 1975, 26.05.1921, S.285.

2. Rudolf Steiner: Die gesunde Entwickelung des Leiblich-Physischen als Grundlage der freien Entfaltung des Seelisch-Geistigen. GA 303, Dornach 1969, 30.12.1921, S.155. Siehe dazu auch: Rudolf Steiner: Die geistig-seelischen Grundkräfte der Erziehungskunst. GA 305, Dornach 1991, 24.08.1922.

Zur Entstehung der Sprüche

In der Arbeit mit meiner 1. Klasse, die ich im Sommer 1999 über-
nommen habe, mache ich erneut die wunderbare Erfahrung, wie
hingebungsvoll sich die Kinder mit all dem verbinden, was sie im
Unterricht erleben, und wie durch das gemeinsam Erlebte auch ihre
Verbundenheit untereinander wächst.[3] Besonders innig nehmen die
Kinder die Märchen auf, die jeden Tag im Hauptunterricht erzählt
werden – wenn bildhafter Unterricht Seelennahrung, „seelische
Milch"[4] für die Kinder ist, so sind es die Märchenbilder in besonders
reichem Maße.[5] Als ich mich 1984 mit den Zeugnissprüchen für
meine damals 1. Klasse befaßte, sah ich in ihnen eine willkommene
Möglichkeit, diese Märchenbilder noch ein Jahr lang nachklingen zu
lassen.

Doch welche von ihnen sollten bewahrt bleiben, welche würden
den einzelnen Kindern besonders guttun? Die Kinder halfen mit,
diese Fragen zu beantworten: Jedes Kind durfte sich ein Märchen
aussuchen, das es zum Geburtstag erzählt bekam, und in vielen
dieser Wunschmärchen fand ich besonders treffende Motive für die
einzelnen Kinder. Unter den bislang veröffentlichten Zeugnissprüchen gab es jedoch keine, die die von mir ausgesuchten Märchen
zum Inhalt hatten. So machte ich mich selbst ans Schreiben. Anregungen empfing ich aus den Ausführungen von Heinz Müller[6] und
aus verschiedenen Zeugnisspruch-Sammlungen, vor allem durch die
schönen, bildhaften Sprüche von Gabriele Böttcher.[7]

Das Reimen war anfangs mühsam, aber allmählich ging es leichter
von der Hand. Auch konnte ich die Erfahrung machen, die Johannes

---

3. Die folgenden Ausführungen und der Arbeitsbericht zu den Zeugnissprüchen be-
ruhen zum Teil auf zwei früheren Aufsätzen von mir in der Zeitschrift *Erziehungskunst:*
Zeugnissprüche – eine Bereicherung für die Klassengemeinschaft (4/1989), und:
Atem- und Sprachpflege durch Rhythmus und Versmaß (5/1990).

4. Rudolf Steiner: Die Kunst des Erziehens aus dem Erfassen der Menschenwesen-
heit. GA 311, Dornach 1979, 12.08.1924, S.22.

5. Vgl. ebd., 13.08.1924, S.39 f.

6. Heinz Müller: Von der heilenden Kraft des Wortes und der Rhythmen. Die Zeugnissprüche in der Erziehungskunst Rudolf Steiners. Stuttgart 1967.

7. Gabriele Böttcher: Zeugnissprüche. Hg. von der Rudolf-Steiner-Schule Hamburg-
Wandsbek, Hamburg o.J.

Denger in seinem Aufsatz über Zeugnissprüche[8] beschreibt: Wenn man sich eine Zeitlang scheinbar vergeblich abgemüht hat, wird einem das Gesuchte mit einem Mal, nicht selten „über Nacht", wie ein Geschenk zuteil. Daß die meisten Sprüche recht lang wurden, war zunächst keine Absicht, sondern ergab sich aus ihrem erzählenden, schildernden Charakter. Später jedoch, als die Kinder ihre Sprüche vortrugen, war ich froh, mich ausgiebig in ihr Sprechen hineinhören zu können.

Auch in den folgenden Jahren begann ich die Arbeit an den Zeugnissprüchen von zwei Gesichtspunkten her: Zum einen betrachtete ich sie als eine Art Essenz aus dem Unterricht des Vorjahres und überlegte, welche Bilder aus den Epochen und dem Erzählteil wichtig gewesen waren und sich für die Zeugnissprüche eigneten. Zum anderen versuchte ich, mir von jedem einzelnen Kind ein Bild zu machen: Welche seiner Wesenszüge durften sich stärker ausprägen, welche mehr zurücktreten? Hilfreich war es, wenn die Fachlehrer der Klasse mir hierzu ihre Eindrücke mitteilten. Auch die Gesichtspunkte, die sich aus Gesprächen mit den Eltern ergaben, waren mir sehr wertvoll.

Nach und nach wählte ich für jedes Kind ein geeignetes Bild aus und gestaltete daraus einen Spruch. Die Kinder bekommen ja durch ihren Spruch gewissermaßen einen Spiegel vorgehalten. Wichtig war mir dabei, nicht in erster Linie ihre Schwächen hervorzuheben, sondern etwas herauszustellen, was – manchmal noch unentfaltet – als Entwicklungsmöglichkeit in ihnen veranlagt war.[9] Vor allem sollte der Spruch mit einer ermutigenden, kraftvollen, hellen Zeile, wie mit einem inhaltlichen Ausrufezeichen, schließen.

Das Bildhafte wurde natürlich im Lauf der Schuljahre immer mehr durch ein gedankliches Moment ergänzt. Zu vielen Themen entstanden zwei oder mehr Sprüche; dadurch konnte den Kindern deutlich werden, daß man einen bestimmten Inhalt in unterschiedlicher

---

8. Johannes Denger: Der Zeugnisspruch – eine wesentliche Begegnung mit dem Schüler. In: *Erziehungskunst*, 5/1986. Dieser Aufsatz findet sich auch – neben einigen anderen Aufsätzen zu diesem Thema – in: Zum Unterricht des Klassenlehrers an der Waldorfschule. Ein Kompendium. Hg. von Helmut Neuffer, Stuttgart 1997.

9. Dieser Gesichtspunkt gilt für das Zeugnis insgesamt; siehe dazu: Rudolf Steiner: Konferenzen mit den Lehrern der Freien Waldorfschule in Stuttgart. GA 300/1, Dornach 1975, 26.05.1921, S.284 f., und: GA 300/3, Dornach 1975, 02.06.1924, S.167 ff.

Weise, von mehreren Seiten her betrachten kann. Zu den Bildern, die dem Unterricht entstammten, gesellten sich auch solche, die der Stimmung der jeweiligen Altersstufe entsprachen; so gab es in der 5. Klasse einige Seefahrer- und Bergsteigersprüche.

Ab dem 3. Schuljahr suchte ich bei den meisten Sprüchen nur noch für jede zweite Zeile einen Reim; für die schon etwas älteren Kinder schien mir das als Halt, den der Reim ihnen für das Sprechen gab, ausreichend zu sein. Die Arbeit des „Verseschmiedens" wurde dadurch erheblich leichter. Für jedes Schuljahr überlegte ich aufs neue, welche Reimform und welches Versmaß für die jeweilige Altersstufe angemessen sei; so ergab sich nicht nur von den Themen, sondern auch vom Sprachlichen her ein Weg durch die Schuljahre.

*

Nähere Erläuterungen zur sprachlichen Gestaltung und zur Handhabung der Sprüche finden sich in einem Arbeitsbericht, der sich an die Zeugnissprüche anschließt. (S.158 ff.)

Zeugnissprüche
2. Klasse

Fürchte nicht die weiten Wege
durch den dichten, dunklen Wald,
denn auf ihnen wirst gelangen
du zum Sonnenschlosse bald.

Liebe kann die Kraft dir geben,
mutig deinen Weg zu gehn,
Schwieriges zu überwinden
nie wirst ganz allein du stehn.

Adler in den höchsten Lüften
und der Wal im Meer, im weiten,
deine Brüder werden hilfreich
dich zu jeder Stund' geleiten.

Schreite weiter voll Vertrauen;
Höchstes wird dein eigen sein:
die kristallen-lichte Kugel,
leuchtend, klar und rein!

(Die Kristallkugel[1])

---

1. Soweit nicht anders vermerkt, stammen die folgenden Märchen aus Brüder Grimm: Kinder- und Hausmärchen. Ich habe auch Märchen aus anderen Ländern erzählt; die Sprüche dazu sind der Vollständigkeit halber mit abgedruckt. Die Quellen zu diesen Märchen sind, soweit sie mir noch bekannt sind, angegeben.

Pferdchen trug den Gärtnersknaben,
hinkte mühsam auf drei Beinen;
wie sie da gespottet haben:
„Seht den Hunkepuus, den Kleinen!"

Auf feurigem Rosse, mit glänzendem Fell
kommt der Ritter in Rüstung, so blitzend und hell.
Er fängt den Apfel, er reitet geschwind;
die goldenen Haare, sie fliegen im Wind.
Und alle staunen und rufen: „Wer
ist der mutige Ritter, wo kommt er wohl her?"
Die Königstochter, die weiß, wer er war,
sie kennt den Jüngling mit goldenem Haar!

(Der Eisenhans)

Sprach der König: „Tapfrer Held,
hast gerettet Land und Leben,
sag, was soll ich dir nun geben?"
„Deine Tochter mir gefällt!"
Lächelt sie mit roten Wangen:
„Hab' dich lieb ja schon seit langem,
seit ich sah, wie du die zarten
Pflänzchen pflegtest in dem Garten,
liebevoll, behutsam, sacht,
seit du Sträuße mir gebracht,
Wiesenblumen, schlicht und klein,
dufteten so lieblich fein.
Als ich dann sah beim Ritterstreit
in stolzer Rüstung goldnes Haar,
da wußt' ich, daß im Eisenkleid
dein liebes Herz verborgen war!"

(Der Eisenhans)

Sie saßen grad beim Hochzeitsmahl,
da trat voll Würde in den Saal
ein König, stolz, in goldnem Glanz,
umarmte froh den Königssohn
und sprach: „Nimm all mein Gold zum Lohn!
Ich war im Wald der Eisenhans.
Du hast erlöst mich von dem Bann,
weil du ohn' Furcht vorm wilden Mann." –
Da lächelte der Jüngling fein:
„Ich wußt', so wild kannst du nicht sein,
als du so lieb mich angeschaut,
mir weiches Bett aus Moos gebaut,
mir halfst zu gewinnen den Apfel aus Gold,
zu freien die Jungfrau so schön und so hold!"
(Der Eisenhans)

Tappt ein Bär im Winterwald,
pocht ans Häuschen, hat so kalt.
„Macht ihm auf, ihr Töchter beide,
tut euch sicher nichts zuleide.
Schaut doch, wie lieb seine Augen sind;
sucht nur Schutz vor Kälte und Wind.
Dürft ihn necken, dürft ihn kraulen,
dürft ihn nur nicht grob vergraulen."
Bald war er vertraut den beiden,
mochten ihn gar gerne leiden,
und Schneeweißchen dachte dann:
„Nähme gerne ihn zum Mann!"
Eines Tages riß das Fell,
drunter schimmert's golden hell;
und Schneeweißchen ahnt wohl schon
im Bärenpelz den Königssohn!
(Schneeweißchen und Rosenrot)

Rosenrot rief: „Schwesterlein,
schau, so heller Sonnenschein,
draußen ist es herrlich warm –
komm, wir laufen in den Wald!"
Nahm die Schwester mit am Arm;
unter Tannen warn sie bald.
Vöglein hörten froh sie singen,
sahen Häslein, Rehe springen,
kühlten in dem Bach die Füße,
aßen Himbeeren, rote, süße,
pflückten Beeren von dem Strauch
für die liebe Mutter auch.
Doch im Nu wurd' es schon Nacht;
und im weichen Moos geborgen
schliefen sie ohn' Furcht und Sorgen,
wußten ja, ihr Engel wacht!
(Schneeweißchen und Rosenrot)

Schneeweißchen schaffte allezeit
mit Kraft und Fleiß und frohem Mut,
war willig stets und hilfsbereit,
tat ihre Arbeit sorgsam-gut.
Doch wenn die Arbeit war gemacht,
dann saß sie sinnend oft, gedacht'
des Bären, der manch Winternacht
in ihrem Häuschen hatt' verbracht,
wie er geworden so vertraut
und stets so lieb sie angeschaut.
Als er zum Winterende ging
und an der Haustür sich verfing,
da riß mit einem Mal das Fell,
und drunter schimmert's golden-hell!
„Wer mag der Bär wohl wirklich sein?" –
so sann Schneeweißchen, lächelt' fein.
(Schneeweißchen und Rosenrot)

Joringel, getrennt von seiner Jorinde,
voll Sehnsucht unablässig sann,
wie er die Liebste wiederfinde,
sie löse von der Hexe Bann,
bis er im Traum, in tiefer Nacht
die Blume sah, so wunderbar,
die stärker als der Zauber war;
da ist er frohgemut erwacht
und hat sich auf den Weg gemacht.

Neun Tage ging er unverwandt,
bergauf, bergab, durch Wald und Hain,
bis er im Morgensonnenschein
die rote Blume schließlich fand,
sah in der Mitte, schimmernd reich,
den Tropfen Tau im Perlenglanze;
da brach behutsam er die Pflanze
und macht' sich auf den Rückweg gleich.

Die Wunderblume nahm er mit,
ging unbeirrt mit festem Schritt;
ohn' Furcht strebt' er zum Zauberwald,
war sich gewiß: „Nun kann ich bald
Jorinde von dem Bann befrein;
bald werden wir wieder beisammen sein!"

(Jorinde und Joringel)

Joringel wanderte dahin,
bergauf, bergab, durch Feld und Hain;
er hatte eines nur im Sinn:
Jorinde wollte er befrein.
Von Lieb' erfüllt ging ohne Ruh'
er furchtlos seinem Ziele zu;
kühn drang er in den finstern Wald,
die rote Blume in der Hand,
und kam zum Zauberschlosse bald,
wo er im Saal die Hexe fand
und Jungfraun ohne Zahl, gebannt
in Käfigen als Vögelein.
Die Blume, die er mitgebracht,
beschützt' ihn vor der Hexe Macht;
so konnt' die Jungfraun er befrein.
Und mit Jorinde Hand in Hand
ging er vom düstern Schlosse fort;
bald standen sie am Waldesrand,
sahn vor sich ihren Heimatort
im hellen, warmen Sonnenschein –
da konnten sie wohl glücklich sein!

(Jorinde und Joringel)

Der Jüngling zog durch Feld und Hain,
zog durchs Gebirg', entlang am Meer;
begleitet von den Tieren sein
zog traurig er umher.

Die Königstochter hatte er
befreit vom grimmen Drachentier,
doch dann ward er getrennt von ihr;
wie war ihm's Herz da schwer!

Die Königstochter unterdessen
gedacht' des tapfren Retters bang,
konnt' Tag und Nacht ihn nicht vergessen:
„Wo bleibt er nur so lang?"

Bis eines Tages die Tiere, die treuen,
als Boten standen vor der Tür;
wie hell wurd's da im Herzen ihr –
da konnt' sie sich wieder freuen!

(Die zwei Brüder)

Junger König jagt' das Wild
in des dunklen Waldes Tiefe,
ward verhext zum Marmorbild,
bleich und stumm, als ob er schliefe,
bis der Bruder ihn dort fand
und die Hexe überwand.
Ja, vorbei war jetzt das Bangen;
nun, da er nicht mehr gefangen
und vom dunklen Bann war frei,
konnte er mit roten Wangen
atmen, lachen, singen wieder,
regte freudig seine Glieder –
o wie glücklich warn die zwei!
Sonnenlicht durchströmt den Wald,
und das Königsschloß von ferne
leuchtet hell wie tausend Sterne;
heim ins Schloß gelangen sie bald!

(Die zwei Brüder)

Der Trommler strebte auf mühvollen Wegen
unbeirrt seinem Ziele entgegen:
Die Königstochter wollte er finden,
der Hexe Zauberbann überwinden.

Besonnen und mit kühnem Mut
hat er den finstern Wald durchdrungen,
hat gar der Riesen grimme Wut
mit klug bedachter List bezwungen.

Doch mußte in der Hexe Dienst
er sich so mühn und plagen,
er wollt' schon ganz verzagen.
Da kam die Jungfrau zu ihm her,
bracht' Trost ihm in dem Leide;
mit ihrer Hilfe ward's vollbracht,
zu brechen Hexenzaubermacht –
wie glücklich waren da beide!
(Der Trommler)

„Trommler, Trommler hör mich an!
Hast du mich denn ganz vergessen?
Hast du auf dem Glasberg nicht bei mir gesessen?
Hab' ich vor der Hexe nicht bewahrt dein Leben?
Hast du mir auf Treue nicht die Hand gegeben?
Trommler, Trommler, hör mich an!" –
so rief die Jungfrau Nacht für Nacht,
bis aus des tiefen Schlafes Bann
der Jüngling schließlich doch erwacht'.
Er nahm sie freudig in den Arm
und sprach: „Vorbei ist aller Harm,
vorbei ist nun die Trennungszeit;
in des Vergessens Dunkelheit
hat deiner treuen Liebe Macht
nun lichte Wachheit mir gebracht –
jetzt können wir uns endlich frein
und frohen Herzens beisammen sein!"
(Der Trommler)

Der Trommler zog aus mit kühnem Sinn,
die Königstochter zu befrein;
zum Glasberg kam er schließlich hin,
mußt' dort der Hexe dienstbar sein.
Doch war der Dienst so schwer, so schwer,
daß er sich keinen Rat wußt' mehr
und kummervoll begann zu klagen.
Da kam die Jungfrau zu ihm her;
sie sprach: „Du brauchst nicht zu verzagen;
vertrau', daß unsrer Liebe Kraft
wird uns aus Hexenmacht befrein!"
Die Arbeit war nun bald geschafft,
bald loderte des Feuers Schein,
der glühendrote, heiße Brand.
Und als die Glut verglommen war,
da nahm sie froh ihn bei der Hand:
„Nun ist vorüber die Gefahr –
wir kehrn nun heim ins Menschenland!"

(Der Trommler)

Sieh das schmucke Fischerhaus,
wie die Fenster freundlich blitzen,
drinnen sieht's gemütlich aus,
kann man warm am Feuer sitzen.
Wäre ich die Fischersfrau,
würd' ich nicht nach Schlössern streben,
ja, das weiß ich ganz genau,
würd' im Häuschen glücklich leben,
würd' mich voller Tatkraft mühn,
heller, schöner es zu machen,
würde froh von Herzen lachen,
wenn im Garten Blumen blühn.
Säß ich draußen auf der Bank
in dem hellen Sonnenschein,
säh' es wachsen und gedeihn,
würd' ich singen voller Dank.

(Von dem Fischer un syner Fru)

Die Welle brauste gewaltig heran,
von der tückischen Nixe gesandt,
und trug die Frau und ihren Mann
weit fort in ein fremdes Land.

Durch Bergeshöhen getrennt vom andern
verdingten sie sich als Schafhirten beide,
um mit den Tieren von Weide zu Weide,
durch Berge und Täler zu wandern.

So zogen sie lange einsam umher,
von Sehnsucht erfüllt, ihr Leben war schwer,
bis eines Tages, im Frühlingslicht,
ins gleiche Tal sie die Herden trieben,
und sie erkannten einander nicht;
doch sind sie beisammengeblieben.

Und eines Abends im Mondenschein,
da spielte der Hirt auf der Flöte leise
die alte, wohlvertraute Weise;
da waren zu Ende Not und Pein:
Erkennend blickten sie sich an,
befreit nun von des Fremdseins Bann –
wie glücklich konnten sie nun sein!

(Die Nixe im Teich)

Sprach Frau Holle zur Marie:
„Hast auf Erden Mühn und Plagen
tapfer in Geduld ertragen;
klagen hörte man dich nie;
hast dein güt'ges Herz bewahrt,
war dein Tagwerk immer hart.
Und bei mir, mit Fleiß und Kraft,
hast du allzeit froh geschafft.
All dein gutes Tun bringt Segen;
da du heimkehrn willst zur Erden,
sollst du nun belohnt auch werden." –
Unterm Tor fiel goldner Regen;
und Marie, beschenkt so reich,
fand sich auf der Erde wieder,
macht' sich auf den Heimweg gleich,
sang vor Freud' die schönsten Lieder.
(Frau Holle)

Allerleirauh, liebes Kind,
streif dein Fellkleid ab geschwind,
brauchst es länger nicht zu tragen;
ganz geduldig, ohne Klagen,
fleißig und mit frohem Mut
tatst du alle Arbeit gut.
Schmücke dich in vollem Glanze,
eil zum Schlosse nun zum Tanze
mit dem jungen Königssohn,
der dich lang erwartet schon.
Allerleirauh, du kannst dich freun;
Königin wirst du bald sein!
(Allerleirauh)

Aschenputtel, liebes Kind,
wasch die Asche ab geschwind!
Unermüdlich, ohne Klagen,
fleißig und mit frohem Mut
tatst du alle Arbeit gut.
Brauchst dich nun nicht mehr zu plagen,
brauchst kein graues Kleid mehr tragen;
schmücke dich in vollem Glanze,
eil zum Schlosse nun zum Tanze
mit dem jungen Königssohn,
der dich lang erwartet schon.
Aschenputtel, du kannst dich freun:
Königin wirst du bald sein!

(Aschenputtel)

In der Höhle, wohl geborgen,
schläft der Puck, doch dann am Morgen,
als so hell die Sonne lacht,
ist er frisch und froh erwacht,
kann vertrauen guten Mutes,
daß der Tag ihm bringe Gutes,
hat ja einen Freund gefunden,
dem er liebevoll verbunden,
kann mit ihm sich ohne Zagen
in die Welt hinaus wohl wagen;
und ins helle Tageslicht
geht beherzt nun unser Wicht!

(Jakob Streit: Puck der Zwerg)

„Erzähle, Puck, du fröhlicher Wicht,
von deinen Streichen, deinem Spiel!"
„Für Spielereien hatt' Zeit ich nicht,
zu lernen gab es ja so viel.
In Erdentiefen stiegen wir,
und Din, mein Freund, der zeigte mir
eine Welt, die voller Wunder war:
Wir sahn Kristalle, licht und klar,
wir sahen in dem Erdendunkeln
den Diamanten leuchtend funkeln.
Und da, wo Erdenfeuer glühn,
sahn wir den Goldschmied sich bemühn;
er schmiedete mit Meisterhand
den Goldring für den Diamant'.
Wir brachten froh dann, voller Glück
zum König dieses Meisterstück."

(Jakob Streit: Puck der Zwerg)

„Erzähle, Puck, du lieber Gesell,
es strahlen deine Augen so hell,
was hast auf Erden du gesehn?"
„Den Farbenbogen konnt' ich schaun
bei Menschen, die sich gut verstehn,
die sich wohl lieben und vertraun.
Auch im Zwergenreich solln nun
Farbenbögen glänzen fein,
leuchten soll der Liebe Schein;
dafür will ich alles tun,
will mit aller Kraft ich streben:
Menschen, Zwerge solln so leben,
daß es in und auf der Erde
immer licht und lichter werde!"

(Jakob Streit: Puck der Zwerg)

Sieh im Blütenkleid die Linde,
wiegt sich sacht im Frühlingswinde;
selig von den süßen Düften
tanzen Falter in den Lüften
auf und ab mit zarten Schwingen;
horch, ein feines Summen, Singen
von den Bienen, von den Hummeln,
die sich in den Blüten tummeln.

Daß der Baum kann blühn, gedeihn,
daß er wachse, kräftig werde,
müssen Wurzeln in der Erde
tief und fest gegründet sein;
Wurzelzwerge müssen regen
stetig sich, die Wurzeln pflegen,
daß die guten Erdensäfte
geben frische neue Kräfte.

Ja, der Baum braucht Erdensegen,
daß er himmelwärts kann streben!

(Jakob Streit: Puck der Zwerg)

Dunkle Höhle in der Erde
hat mir Winterschutz gegeben,
wenn es Sommer wieder werde,
will im Sonnenschein ich leben.
Fliege, Schwalbe, fliege weiter,
flieg mit mir, ohn' zu ermüden,
zu dem fernen Ziel nach Süden,
wo die Sonne scheint so heiter.
Heiter scheint sie alle Stunden;
da will ich mit Schmetterlingen,
mit den Elfen lachen, singen,
hab' dort ein Zuhaus' gefunden!

(Hans Christian Andersen: Däumelinchen)

In der Erde kalt und hart
lag die Schwalbe ganz erstarrt,
wär' erfrorn in Winternacht,
hätt' Däumelinchen nicht gebracht
ihr Decken warm und weich.
Und als erwärmt das Erdenreich
im Frühlingssonnenschein,
da flog aus Erdendunkelheit
die Schwalbe voller Seligkeit
ins Himmelblau hinein.
Pfeilschnell flog sie im warmen Wind,
„Quivit", rief sie, „leb wohl, mein Kind;
im Herbst, da fliegst du mit mir fort,
hoch über Berge an den Ort,
wo Blumen blühn in bunter Pracht,
wo Tag für Tag die Sonne lacht!"
(Hans Christian Andersen: Däumelinchen)

In dem Dorf zu muntrer Weise
tanzten alle froh im Kreise;
einer nur saß ganz allein,
schaute trüb und traurig drein.
„Was machst du für ein Gesicht,
warum tanzt du mit uns nicht?"
„Ich kann nicht mein Pech vergessen:
Hab' den Koffer einst besessen,
flog damit hoch über's Land,
und der Koffer ist verbrannt!"
„Laß das Trübsal-Blasen sein!
Nur mit Menschen hier auf Erden
kannst du froh und glücklich werden;
komm mit in den Kreis herein!"
Und beim nächsten Reigen schon
tanzte froh der Kaufmannssohn,
fühlt' so wohl sich, blieb im Ort
bei den lieben Leuten dort.
(Frei nach Hans Christian Andersen: Der fliegende Koffer)

Hell war der Himmel in der Nacht
durch Feuerwerkes Glanz und Pracht.
Doch schwand der schöne Schein schon bald;
der Koffer lag verbrannt im Wald.
Der Jüngling ging betrübt nun fort,
zog kummervoll von Ort zu Ort,
kam in das Dorf, wo sie im Kreise
froh tanzten all' zu muntrer Weise.
Der Jüngling schaute zu beiseit';
da kam ein Mädchen, flink und fein;
sie sprach ihn an, erfuhr sein Leid
und rief: „Du sollst nicht traurig sein!
Schaffst du mit Tatkraft, frohentschlossen,
tust deine Arbeit unverdrossen,
dann kannst du drunten auf der Erden
ohn' fliegenden Koffer glücklich werden!"
Sie faßte seine Hand geschwind:
„Nun komm, ein neuer Tanz beginnt!"
Und bei dem nächsten Reigen schon
tanzte froh der Kaufmannssohn.

(Frei nach Hans Christian Andersen: Der fliegende Koffer)

Prinz Finn, der tapfre, edle Held,
verließ das Schloß, das Vaterhaus;
auf weiten Wegen in die Welt
zog kühn und mutvoll er hinaus.

Kein Hindernis ließ ihn verzagen;
„Ich werd' gewiß es überwinden
und in der Not auch Hilfe finden!" –
so hört' man ihn entschlossen sagen.

Durchs Reich der Finsternis zu dringen,
stand ihm Finola treu zur Seit';
mit leuchtendweißen Schwanenschwingen
erhellte sie die Dunkelheit.

Und sie und ihre Schwestern deckten
ihn nachts mit ihren Federn zu;
so schlief geborgen er in Ruh',
bis sie ihn morgens wieder weckten.

So zogen lange sie dahin.
Als sie am End' zum Waldrand fanden,
im Sonnenlichte wieder standen,
wie froh war da Prinz Finn!

(Prinz Finn, der edle Held; Irland[2])

---

2. Seumas MacManus: Die Königin der Kesselflicker. Freiburg 1965.

Prinz Finn, der tapfre Jüngling, ritt
fort von dem heimatlichen Schloß;
er ritt auf seinem edlen Roß;
den Hund, den Falken nahm er mit.

Den Hund, den treuen, ihm zur Seit'
und seinen Falken auf der Hand,
so ritt er frohgemut durchs Land,
durch Wälder, Wiesen, endlos weit.

Die schönste Jungfrau zu gewinnen
erstrebte er mit kühnem Mut;
kristallner Berge hohe Zinnen,
des Meeres tosend wilde Flut,
der Wüste heiße Feuerglut –
kein Hindernis ließ ihn verzagen:
„Ich fürchte nichts, will alles wagen!"

(Prinz Finn, der edle Held; Irland)

Die Prinzessin zog durchs Land,
ohne Rasten, ohne Ruhen,
in den schweren Eisenschuhen,
stählern' Stab in ihrer Hand.
In die Fremde zog sie aus,
kam zum Mond-, zum Sonnenhaus,
wanderte auf Sternenwegen
ihrem fernen Ziel entgegen:
Wollt' zu ihrem Mann gelangen,
ihn befrein aus Zaubermacht.
Unbeirrt und ohne Bangen
strebt' voran sie Tag und Nacht,
bis ans Ziel sie schließlich fand,
vor dem edlen Prinzen stand.
Liebe, treu bewahrt im Leide,
hat des Zaubers Macht bezwungen,
die Menschengestalt ihm wiedererrungen –
wie glücklich sind sie nun beide!

(Der verzauberte Eber; Rumänien[3])

Meseria stand am Meer
ganz verlassen und verloren.
„Daß Andrea mich vergaß,
der mir Treue doch geschworen!"
dacht' betrübt sie, doch dann ging
sie beherzt zum nahen Quell,
wusch im frischen, klaren Wasser
vom Gesicht die Tränen schnell,
blieb beim blinden alten Manne
in der armen Hütte nun,
sorgt' für ihn wie eine Tochter,
ohn' zu rasten und zu ruhn,
schafft' von morgens früh bis abends
frohgemut, mit fleiß'gen Händen,
wußt' im Herzen: „Schließlich wird sich
alles doch zum Guten wenden;
unsre Liebe wird den Bann
des Vergessens überwinden;
ich vertraue, daß am Ende
wir uns glücklich wiederfinden!"
(Prinz Andrea und Prinzessin Meseria; England)

3. (S.28) Der verzauberte Eber, nach Ispirescu. Stuttgart 1986.

Sprach der Vater: „Meine Töchter,
jeden Tag geht es uns schlechter,
weiß nicht, wie ich euch soll nähren.
Traf im Walde einen Bären,
der sich möchte bald vermählen;
kann von euch er eine wählen,
will er uns beschenken reich."
Rief die Älteste sogleich:
„Ach, ach, ach, ich trau' mich nicht!"
Und mit Tränen im Gesicht
jammerte die zweite: „Nein,
kann doch keinen Bären frein!"
Doch die Jüngste sprach sodann:
„Wenn ich euch so helfen kann,
will ich gerne mit ihm gehn,
fürcht' mich nicht, weiß ja genau,
wenn ich frohen Muts vertrau',
kann nur Gutes mir geschehn."

(Südlicher als Süden und nördlicher als Norden; Norwegen)

Sieh das Mädchen, wie es eilt,
nirgends zögernd noch verweilt,
blickt nach rechts und links nicht hin,
hat ja eines nur im Sinn:
Will zu ihrem lieben Mann,
der, weit fort, verzaubert worden,
will befrein ihn von dem Bann.
Weiter nördlich noch als Norden,
weiter südlich noch als Süden
sucht sie ihn, darf nicht ermüden,
bis sie endlich ihn gefunden
und den Zauber überwunden.
Ja, da freun sich beide sehr,
und des Zauberglöckchens Klingen
wird im Nu zum Schloß sie bringen –
nichts kann sie nun trennen mehr!

(Südlicher als Süden und nördlicher als Norden; Norwegen)

„Laterne, Laterne,
hell strahlt dein Licht in dunkler Nacht;
sag mir, ich wüßt' so gerne,
ob meine Frau schläft oder wacht."

Sie schläft und träumt von ihrem Mann,
dem runzeligen Alten,
den sie am Ende liebgewann,
trotz Sell'riebart, trotz Falten.

Sie schläft und träumt, ganz deutlich klar,
sie träumt, er schaut so lieb sie an –
ach, wäre es doch wirklich wahr,
ach, wäre doch gelöst der Bann!

Und eines Morgens vor dem Schloß,
da sprengt heran auf stolzem Roß
der junge Königssohn.
Sie sieht die Augen strahlend hell,
voll Freude läuft sie zu ihm schnell –
den Blick erkennt sie schon!

(Marianne und der Selleriekönig; Italien[4])

Der Jüngling reitet auf steinigen Wegen,
die Bergeshänge hinan, die steilen;
er reitet dem höchsten der Gipfel entgegen,
mit stetigem Mühen und ohn' zu verweilen.

Durch dorniges Dickicht und Felsengestein
strebt unbeirrbar er voran,
will seine liebe Frau befrein,
erlösen von des Berggeists Bann.

So reitet er nun Stund' um Stund';
er ist gewiß, es wird gelingen –
die Liebe aus des Herzensgrund,
sie wird ans Ziel ihn bringen!

(Das rote Ahornblatt; China[5])

4. Warum die Bäume nicht mehr sprechen können. Hanau (vergriffen).
5. Chinesische Volksmärchen. Hanau 1976.

Mühevoll auf steilen Pfaden
ging der Jüngling schwerbeladen,
trug im Arm die Liebste sein,
die verzaubert war zu Stein,
ging ohn' Wanken, ohne Zagen,
von der Liebe Kraft getragen.
Solcher Liebe mußte weichen
schließlich doch des Berggeists Macht,
und zum Leben neu erwacht,
war sie glücklich ohnegleichen,
lachte, strahlte, sang vor Freude;
und zu Pferd in muntrem Trab
ritten sie ins Tal hinab,
froh in tiefster Seele beide!

(Das rote Ahornblatt; China)

„Tochter, sollst dich bald vermählen,
einen reichen Mann dir wählen!"
„Lieber Vater, diese Reichen,
die nur immer jammernd schleichen,
ohne Güte und Verstand
in ihrem kostbarn Goldgewand,
solche kann ich gar nicht leiden!
Suche einen, der bescheiden,
nähm' auch armen Waisenknaben,
müßt' ein goldnes Herz nur haben,
einen, der sich unverzagt
und mutig in die Welt wohl wagt –
solchen Mann, den würd' ich frein,
könnt' froh und glücklich mit ihm sein!"

(Die Perle, die bei Nacht strahlt; China[6])

---

6. Chinesische Volksmärchen. Hanau 1976

Der Jüngling wandert auf mühvollen Wegen
mit stetigem Schritt und ruhigem Sinn;
flußabwärts, dem fernen Meere entgegen,
zieht unbeirrbar er dahin.

Er wandert frohgemut, ohn' Bangen;
dem einen Ziel gilt all sein Streben:
die leuchtende Perle zu erlangen
und sie der Meeresprinzessin zu geben.

Unwegsame Pfade, die tosende Flut
der Meereswogen, sie schrecken ihn nicht;
aus liebendem Herzen erwächst ihm Mut,
wächst Kraft ihm und Zuversicht!

(Die Perle, die bei Nacht strahlt; China)

Sprach betrübt der Waisenknabe:
„Liebe Meerjungfrau, ich habe
dir die Perle nicht gebracht,
die hell erstrahlet in der Nacht;
nur diese Perle ist mein eigen,
so dunkel-trüb, mag kaum sie zeigen. –
Doch siehe da, welch heller Schein,
wie leuchtet jetzt die Perle mein!"
Und es erscheint in luft'gen Höhn
ein Schloß, so hell, so strahlend schön.
Der Jüngling staunt, er schaut und schaut.
„Dein gutes Herz hat es erbaut,
dort werden wir zu Hause sein!"
So sprach die Jungfrau, lächelt' fein.
Dann gingen beide Hand in Hand
und frohgemut in das lichte Land.

(Die Perle, die bei Nacht strahlt; China)

Die Frau ging singend, frohgemut,
im frühen Morgensonnenschein
zur Arbeit in den Wald hinein:
„Heut habe ich es wirklich gut,
daß ich im grünen Wald kann sein!"

Den ganzen Tag, voll Tatenkraft,
hat Holz sie mit der Axt geschlagen,
hat bis zum Abend froh geschafft
und dann ihr Bündel heimgetragen.

Müd, doch vergnügt kam sie nach Haus;
jedoch, wie furchtbar sah's da aus!
Der Mann begann betrübt zu klagen:
„Nur Pech hat mir der Tag gebracht;
obgleich wir doch den Tausch gemacht,
mußt' ich den ganzen Tag mich plagen,
konnt' keinen Augenblick mal ruhn,
mußt' wieder schwere Arbeit tun!"

Da mußt' die Frau von Herzen lachen:
„Schaffst du zufrieden, frohgemut,
kannst jede Arbeit leicht du machen,
und sie gelingt gewiß dir gut!"
(Die schwere und die leichte Arbeit; Schweden)

3. Klasse

Hannes wuchs heran zu Haus,
wohlbehütet, wohlgeborgen,
rief an einem Sommermorgen:
„Ich will in die Welt hinaus,
möchte gern ein Ritter sein!"
Lächelte der Vater fein:
„Ritter wäre mancher gerne,
doch zuerst heißt's: Lerne, lerne!
Kannst du schließlich pflügen, säen,
hobeln, mahlen, fischen, nähen,
kochen, jagen, sohlen, weben,
schmieden und noch viel daneben,
hast ertragen Mühn, Beschwerden,
dann kannst du ein Ritter werden."
„Ich versuch's! Ich will mich mühn!"
ruft da Hannes froh und kühn.

(Erika Beltle: Hannes, der Naseweiß)

Iwanar und Coravinth
schauten in der Abendstunde
von des Burggemaches Fenster
in die stille, weite Runde,
sahen Felder, Wiesen, Wälder,
dunkle Hügel in der Ferne
und am klaren Abendhimmel
funkelnd hell die ersten Sterne.

Und der Knabe sagte: „Streiter
für das Gute will ich sein;
doch nicht Rüstung, Schwert und Lanze
seien meine Waffen, nein:
So wie du will mit der Harfe
ich durchs Land ziehn, Lieder singen,
gegen Finsternis stets kämpfen,
Licht in Menschenherzen bringen."

Sprach der Barde: „Werde ich auch
weilen von dir fern und weit,
bleiben wir durch solches Streben
doch verbunden allezeit!"

(Maria Modena: Die Märchen des Ritters Iwanar)

Im eisigen Schneesturm, da kommen drei Reiter,
sie reiten voll Hast, um zu Haus bald zu sein;
sie sehn nicht den Armen gar flehentlich bitten;
nur Martin, der sieht ihn, bleibt stehen allein:
„Sollen sie nur weiterreiten;
ich will nicht mit ihnen streiten,
handle, wie ich selbst es will!"
Martin teilt den Mantel still,
reitet dann der Herberg' zu,
frohgemut, in Seelenruh'.

Offerus,
ein starker Mann,
der Bäume gar ausreißen kann,
für manchen Herrn hat er geschafft,
mit Kampfesmut und wilder Kraft;
doch fand er nicht den rechten Herrn,
und weiter zog er in die Fern'.

Offerus,
Fährmann,
der geduldig warten kann,
sieben Jahr' an allen Tagen
hat die Menschen er getragen,
bis des Nachts, als er fest schlief,
leis' ein zartes Kind ihn rief.
Den Herrn der Welt trug übern Fluß
Christopherus!

In brauner Kutte, schlicht und grob,
mit keinem Heller in der Hand,
so ging Franziskus übers Land
und sang dem Schöpfer frohes Lob:
„O Herr, du hast mich reich gemacht:
Du gabst den Tag mir und die Nacht,
daß tags die Hände kraftvoll werken,
des Nachts sich Leib und Seele stärken.
Du gabst die Mutter Erde mir,
auf der ich gute Wege geh',
gabst mir zur Freude Pflanze, Tier,
in denen ich Geschwister seh',
du gabst mir bunter Blumen Duft,
der Lerchen Jubel in der Luft –
O Herr, dir sei mein Dank gebracht,
daß du mich hast so reich gemacht!"

In brauner Kutte, arm und schlicht,
mit keinem Heller in der Hand,
so ging Franziskus übers Land
und sang mit lächelndem Gesicht:
„Herr, du hast mich reich gemacht,
gabst mir goldnen Sonnenschein,
Sternenglanz wie Edelstein,
Silbermond in dunkler Nacht,
Morgentau wie Perlenschimmer
und den Wald, so herrlich immer;
grünem Moose, samtigweich,
kommt kein edler Teppich gleich.
Köstlicher als jeder Wein
schmeckt der Quelle klarer Trank;
reicher könnt' ich gar nicht sein –
Herr, dir sei mein Dank!"

Die Vögel singen, Sonne lacht,
Franziskus ist voll Freud' erwacht,
und lächelnd er zur Sonne spricht:
„Ich dank' dir, Schwester, für dein Licht!
Ihr Vögel alle, groß und klein,
gefiederte Geschwister mein,
habt Dank für euren Morgenchor,
der mir so lieblich klingt im Ohr!
Und Schwester Quelle, dir sei Dank
für deinen frischen Morgentrank!"

Dann fängt er an, mit fleiß'ger Hand
am Kirchlein, das verlassen stand,
zu bauen, mauert Stein auf Stein,
baut Tag für Tag voll Tatenkraft
und freut sich, als er es geschafft:
Das Kirchlein steht im Sonnenschein
nun wieder fest und fein!

Mein Engel gibt mir stets Geleit,
wenn ich auf Erdenwegen wandle;
er hilft mir, daß ich jederzeit
mit liebevoller Sorgsamkeit
und tatenfreudig handle.

Was ich aus liebem Herzen tu,
wird Licht in meine Seele bringen;
und wenn ich nachts geborgen ruh',
schwebt sie den Sternenweiten zu
auf leichten Lichtesschwingen.

So spür' ich nach durchschlafner Nacht,
wie Himmelskraft mich warm durchdringt;
und wenn die Morgensonne lacht,
so bin ich gleich ganz froh erwacht –
mein Tagwerk, das gelingt!

Was am Tag ich hab' erfahren,
was ich tat und fühlte auch,
wird die Seele nachts bewahren –
zarter Farbenhauch.

Und sie schwebt durch Dunkelheiten
leise in das Sternenreich,
schwebt in ferne Himmelsweiten,
lichtem Falter gleich.

Zeigt sich Morgenröte wieder,
heimwärts nun die Seele strebt,
schwebt zur Mutter Erde nieder,
reich und neu belebt.

Sonne lacht, die Vögel singen;
öffne ich die Augen sacht:
„Was wird neuer Tag wohl bringen?"
denk' ich froh erwacht.

Wenn der Abend senkt sich nieder,
wird es still in Feld und Hain,
und die Nacht hüllt nun die Erde
in den dunklen Mantel ein.

Wenn der Morgen naht, dann schimmert
Morgenröte schon von fern;
Sternenglanz erlischt, doch freundlich
leuchtet noch der Morgenstern.

Und beim ersten Sonnenstrahle
funkeln tausend Tropfen Tau;
Vögel singen fröhlich wieder
überall in Wald und Au.

Öffne sacht ich meine Augen,
seh' ich, daß die Sonne lacht.
„Dieser Tag wird Gutes bringen,
und mein Tun, das wird gelingen!"
hab' ich froh gedacht.

Wenn die Morgenröte kündet,
daß zu Ende geht die Nacht,
ist im Wald aus Nachtesruhe
reges Leben bald erwacht.

Leise kommt ein Reh gesprungen,
lauscht und schaut, springt weiter schnell;
und ein Vöglein hört man singen,
Morgenlieder, zart und hell.

Sonnenschein lockt alle Vögel
nun aus ihrem Nest hervor,
und es schallt aus vielen Kehlen
jubelnd froher Morgenchor!

Ich seh' der Morgenröte Schein;
noch blinkt am Himmel hell ein Stern;
im Grase funkelt frisch der Tau;
ein Vöglein singt von fern.

Geborgen lag ich eingehüllt
im weiten Mantel dunkler Nacht;
nun bin aus ruhigem, tiefen Schlaf
gestärkt ich gern erwacht.

Bald wird die Welt durchdrungen sein
von warmem goldnem Sonnenlicht;
dann will ich an mein Tagwerk gehn,
werd' Schwieriges mit Mut bestehn,
mit froher Zuversicht!

Tröpfchen, komm aus Erdentiefen,
mit den Brüdern ohne Zahl,
komm ans Tageslicht, ans helle,
schwimm im Bächlein rasch zu Tal!

Bald heißt's: An die Arbeit, Tröpfchen!
Wenn ihr all' gemeinsam schafft,
könnt ihr gar ein großes, schweres
Mühlrad drehen voller Kraft!

Schwimme weiter, kleines Tröpfchen,
in dem Flusse, ohne Rast,
bis das Meer, das große, weite,
schließlich du gefunden hast.

Doch die Sonne ruft dich, Tröpfchen,
schwing in lichte Höhn dich gleich;
kommst als Regentropfen wieder,
kehrst zurück ins Erdenreich!

Tröpfchen lag mit seinen Brüdern
in dem Eise kalt und hart;
während Winters Frost und Kälte
lag es da so ganz erstarrt.

Frühlingssonne brachte Wärme,
schmolz das harte Eis nun wieder,
und das Tröpfchen, endlich frei,
regte wohlig seine Glieder.

Auf des Baches sachten Wellen
schwamm das Tröpfchen voller Wonne,
rauschte mit den Tropfenbrüdern
frohen Dank der lieben Sonne.

Kam zum Wasserfall, stürzt' furchtlos
in die Tiefe sich hinunter,
schwamm im Fluß dann ganz in Ruh'
unbeirrt dem Meere zu,
frohgemut, vergnügt und munter!

oder:
Kam ans Mühlenrad, das große,
das solange still mußt' stehn.
„Kommt, wir schaffen's jetzt gemeinsam!"
Schon begann sich's Rad zu drehn.

Aus tiefem Erdengrunde sprudelt
leis' ein kleiner Quell,
und zwischen Moos und Wurzeln rieselt
Wasser silberhell.

Ein Bächlein wird's und bald ein Bach,
der munter springt zu Tal,
bis jählings über Felsen er
sich stürzt als Wasserfall.

In tausend Tropfen sprüht und funkelt
farbig Sonnenlicht;
da schäumt's und rauscht's ein mutig Lied:
„Ich fürcht' die Tiefe nicht!"

Der Bach fließt weiter, wird zum Fluß;
und auf gewundnen Wegen
strömt kraftvoll er durch ebnes Land,
dem fernen Meer entgegen!

Lausche, wie des Nachts die Quelle
leise, leise rauscht im Dunkeln:
„Dank euch, all ihr lieben Sterne,
daß ihr schenkt mir Silberfunkeln!"

Horch, wie tags das Bächlein plätschert,
frischvergnügt und voller Wonne:
„Für die warmen, goldnen Strahlen
danke, danke, liebe Sonne!"

Sieh den Bach das Mühlrad treiben,
rasch und stark, ohn' Rast und Ruh'!
Schau den Fluß, so kraftvoll strömend
ruhig fernem Ziele zu!

Auf der späten Asternblüte
silbrig-lichtes Funkeln, schau,
schimmert gleich der schönsten Perle
kleiner Tropfen Tau.

In dem Tropfen spiegelt winzig
sich des Morgensternes Schein;
leise raunt die kleine Blume:
„Blieb' der Stern doch mein!"

Sternenglanz erlischt, der Tropfen
fliegt zur Sonne in die Höh'.
„Liebe Blume, ich komme wieder,
ganz gewiß! Adieu!"

Winterwolken ziehn am Himmel,
Sternenglanz ist, ach, so fern –
da schwebt zur Blume sacht herab
ein Flockenglitzerstern!

Tröpfchen schweben in der Wolke,
Winde tragen weit sie sacht;
hoch in Lüften droben ziehen
sie dahin bei Tag und Nacht.

Über Wiesen, Wäldern, Bergen
reisen sie auf Himmelswegen,
bis der Erde Ruf sie hören:
„Tröpfchen, helft! Bringt endlich Regen!"

Freudig klingt der Tröpfchen Antwort:
„Kommt, wir wolln uns niedersenken,
wolln der Erde und den Pflanzen
guten, frischen Regen schenken!"

Und die Tropfen fallen leise,
um das Erdreich zu durchfeuchten –
schau, wie sie im Schein der Sonne
regenbogenfarbig leuchten!

Ein Sämchen schlief und träumte noch
im Erdenreich geborgen,
bis Sonne wieder wärmer schien
an hellem Frühlingsmorgen.

Da drangen Sonnenstrahlen flink
ins Erdendunkel dicht
und kitzelten das Sämchen sacht:
„Wach auf und komm ans Licht!"

Froh klang der Meisen Frühlingslied
wie Flötenton im Ohr;
bald reckte aus der Erd' sich schon
ein Spitzlein keck hervor.

Aus zartem Pflänzchen wuchs nun rasch
die Pflanze kräftig grün,
und Knospen sah man öffnen sich
und Blüten leuchtend blühn!

Des Baumes Blätter rascheln
ganz sacht im Frühlingswind;
die rosig-zarten Blüten,
sie duften lieblich-lind.

Durch Wurzeln tief im Boden
strömt guter Erdensaft
bis in die höchsten Spitzen
und gibt dem Baume Kraft.

Durchströmt von Erdenkräften,
durchwärmt von Sonnenlicht,
so reifen bald die Äpfel,
rotglänzend, dicht an dicht!

Aus dem Zweige ist entsprossen
eine Knospe, zart und grün,
noch von Blättern fest umschlossen;
was mag wohl daraus erblühn?

Scheint die Frühlingssonne immer,
zeigt sich bald ein rosa Schimmer.
Sacht umhaucht vom milden Wind,
von der Sonne warm durchdrungen,
ist die Knospe aufgesprungen
und entfaltet sich geschwind.
Wie rot es leuchtet nun und glüht –
die Rose ist erblüht!

Siehe, wie im Herbst die Bäume
mit dem Winde tanzen Reigen,
wie sie, rötlich-golden leuchtend,
liebevoll und froh sich neigen.

Horche, wie die Bäume rauschen:
„Wind, trag' unser Laub zur Erde,
daß im Winter sie nicht friere,
daß sie gut bedecket werde!"

Schau, wie kahl die Bäume stehen
in der kalten Winterszeit,
doch wie sie in Knospen bilden
neues, reiches Frühlingskleid.

Löwenzahn trug goldne Blüte;
eines Tages blieb sie zu;
drinnen wuchsen kleine Sämchen,
wohlbehütet und in Ruh'.

Als die Sämchen reif geworden,
öffnet sich das Blütenhaus,
packt ein frischer Wind sie alle,
trägt sie in die Welt hinaus.

Auf dem Boden ganz alleine
liegt nun jedes Samenkind.
Raunt die gute Mutter Erde:
„Komm, ich deck dich zu geschwind!"

Bald erwächst aus kleinem Samen
eine Pflanze, kräftig grün,
bildet Blätter, bildet Knospen;
golden-gelb wird sie bald blühn!

Der kleine Sonnenblumenkern
lag lang im Erdenschoß;
dann wuchs hervor die Sonnenblume,
stark und mächtig groß.

Hoch aufgerichtet steht sie da,
beugt selbst dem Sturm sich nicht;
doch wenn die Sonne scheint, dann wendet
froh sie sich zum Licht.

Im Herbst, da neigt die Blume sich,
von reifen Kernen schwer;
sie neigt sich hin zur lieben Erde,
schenkt sich freudig her!

Im Wald die alte Tanne steht
schon über hundert Jahr;
wer half, daß sie so aufrecht wuchs,
so stark, so wunderbar?
Das Erdenreich, in das die Wurzeln
tief sich gruben ein?
Der Wind? Die Sonnenwärme? Regen?
Lichter Sonnenschein?
Sie alle halfen, doch daß sie
so kerzengrad' sich reckt,
das kommt, weil sie in stiller Nacht
zu Sternen hoch sich streckt.
In klaren Nächten rauscht und raunt
es in den Zweigen dicht;
da kannst du lauschen, wie der Baum
mit Sternen leise spricht!

Gerne hör' ich, wie der Birke
Blätter rascheln sacht im Winde,
fühle wohl mich, wenn ich ruhe
unterm dichten Dach der Linde;
gerne hör' ich auch die Eichen
mächtig in dem Sturme rauschen,
mag im Tannenwald gern wandern
und der tiefen Stille lauschen.

Lichten, unbeschwerten Birken
möcht' ich manchmal gerne gleichen;
kraftvoll will ich mich behaupten
wie die hohen, starken Eichen;
froh, geruhsam wie die Linden
möchte Schönes ich erleben;
ernst und aufrecht wie die Tannen
will zu gutem Ziel ich streben!

Die Tanne steht so ruhig-stark
in freundlich-grünem Kleid,
wenn Sommersonne wohlig wärmt
und auch wenn's stürmt und schneit.

Doch sieh, wer guckt so munter dort
aus kugelrundem Nest?
Wer huscht so flink und federleicht
behende durchs Geäst?

Froh rauscht der Baum: „Ich schenke gerne
Schutz und Schatten dir,
du lustiges, lebendiges,
vergnügtes, kleines Tier!"
(Nach einem Spruch von Gabriele Böttcher)

Das Eichkätzchen klettert so flink und so leicht,
so hoch wie der Wipfel des Baumes nur reicht;
es springt und es schaukelt vergnügt im Geäst
und schlummert des Nachts in dem Kugelnest.
Dem Baum ruft das Eichkätzchen fröhlich zu:
„Ich dank' dir für Schatten im Sonnenschein,
für sicheren Schutz in Nachtesruh'!
So stark möcht' ich manchmal auch gern sein,
so in sich ruhend wie du!"
(Nach einem Spruch von Gabriele Böttcher)

Beim ersten Morgensonnenstrahl,
da öffnen sich die Blüten all',
sind froh erwacht aus Nachtesruh'
und wenden sich dem Lichte zu,
verströmen lieblich Blütenduft;
in warmer Sommersonnenluft,
da fliegt ein Bienlein gleich herbei,
zu Thymian und Akelei,
zu Salbei und zum Rosenstrauch,
zu hundert andern Blumen auch,
hat unermüdlich lang geschafft,
bis von dem süßen Blütensaft
ein Tröpfchen es hat heimgebracht,
zufrieden summend: „Gut gemacht!"

Die Blume dort, so prachtvoll rot,
die sieht man schon von fern;
ganz unscheinbar ist gelb erblüht
ein kleiner Blütenstern.

Nektarsuchend kommt ein Bienlein,
achtet nicht der roten Pracht,
fliegt sogleich zum gelben Blütchen;
reiche Ernte hat's gemacht.

Freudig hört man's Bienlein summen:
„Hast den Blütensaft so fein
ganz im Stillen mir bereitet –
danke, liebes Blümelein!"

Einen langen feinen Faden,
wie ein Sonnenstrahl so fein,
hat die Raupe sich gesponnen,
spann sich ganz darinnen ein.

In der Hülle im Verborgnen,
ohne daß es jemand sah,
hat die Raupe sich verwandelt;
o welch Wunder da geschah!

Aus der Hülle schlüpft ein Falter –
wie die Flügel schimmern, schau! –,
fliegt beschwingt von Blütendüften,
fliegt hinauf ins Himmelsblau.

Sonnengold ist seine Speise,
süßer Blütensaft sein Trank;
selig tanzt er in den Lüften,
tanzt dem Schöpfer seinen Dank!

Die Raupe hat sich eingepuppt,
liegt still und unbewegt;
doch sieh, in warmer Frühlingsluft,
wie's drinnen leis' sich regt!

Aus enger Hülle hat sich bald
ein Schmetterling befreit,
und seine Flügel bunt und zart
entfalten sich ganz weit.

Auf leichten Flügeln schwingt er sich
nun in die Frühlingsluft
und tanzt, von Licht und Wärme selig
und vom Blütenduft.

Die Blumen neigen farbenfroh
dem Falter sich entgegen:
„Willkommen, lieber Gast, was bringst du?"
„Sonnenglück und Segen!"

Im weichen Sand am Meeresgrunde
liegt die Muschel Stund' um Stunde;
sacht gestreichelt von den Wogen
liegt sie still bei Tag und Nacht;
was sie wohl da drinnen macht?
Sie träumt vom Regenbogen!
Kann die Träume sogar malen,
innen an die Muschelschalen.
Außen ist sie trüb und grau,
unscheinbar und schlicht;
doch öffnet sie die Schalen, schau,
dann schimmert's silbrig-licht –
welch zauberhafter Farbentanz,
welch Regenbogenglanz!

Lerche, Lerche, liebe Schwester,
in dem Federkleid so schlicht,
dich vor anderen zu zieren,
danach trachtest du ja nicht,
lebst so einfach und bescheiden,
hier ein Körnchen, dort ein Kern,
da ein Schlückchen aus der Quelle,
alles nimmst du froh und gern.
Schwingst du hoch dich in die Lüfte,
um des Schöpfers Lob zu singen,
lausche ich und spüre leise
frohen Dank in mir auch klingen!

Es piepst aus kleinem Vogelei:
„O helft, mich zu befrein!"
Die Vogelmutter ruft: „Nur Mut!
Versuch es doch allein!"
Ganz still wird's einen Augenblick,
dann tönt es leise: „Pick, pick, pick",
und, knack, die Schale bricht entzwei –
das Vogelkind ist frei!
Guckt etwas ängstlich noch und bang',
doch hockt im Nest es nicht mehr lang;
bald fliegt es froh im Sommerwind –
ein flügges Vogelkind!

(Nach einem Spruch von Gabriele Böttcher)

Wenn Schwalben sich sammeln zur Herbstzeit,
sich sammeln zum südlichen Flug,
dann hört man mit Zagen
manch Jungschwalbe fragen:
„Bin ich wohl auch kräftig genug?"

„Nur Mut!" zwitschern fröhlich die Alten.
„Gewiß bist du kräftig genug!
Du brauchst nicht zu bangen;
wir alle gelangen
ans Ziel in gemeinsamem Flug."

Und fort, über hohe Gebirge,
wo Gipfelwind frisch sie umstreicht,
ziehn ohne Ermüden
die Schwalben nach Süden,
bis sonniges Ziel ist erreicht!

Wenn Abendsonne früh sich neigt
und Kühle kündet: „Herbst kommt bald!",
dann sammeln sich zum langen Flug
die Schwalben alle, jung und alt.

Vom wohlvertrauten Heimatort
fliegt fort der ganze Schwalbenzug,
zieht über Berge, übers Meer
in leichtem und in raschem Flug.

Die Schwalben fliegen Tag für Tag;
und wenn erlahmt der Jungen Schwung,
erklingt voll Mut der Alten Ruf:
„Ihr schafft's, ihr seid doch stark und jung!"

Bis endlich, nach so weitem Flug
der Schwalben froher Chor erschallt:
„Wir sind am Ziel, im Sonnenland,
wir alle, jung und alt!"

Die junge Schwalbe wuchs heran,
verließ des Nests Geborgenheit,
erprobte sich in kühnem Flug;
pfeilschnell flog sie und weit.

Als Herbstzeit nahte, zog sie fort;
gemeinsam mit der Schwalben Schar
flog frohgemut sie, ohne Furcht
vor Mühen und Gefahr.

Die Schwalben flogen unbeirrt
weit übers Meer, entlang am Nil,
bis sie erreichten all' am End'
das sonnig-warme Ziel!

Im Frühjahr zog mit ihrer Schar
die Schwalbe heimatwärts vergnügt
und baute dort ihr eignes Nest,
ganz fein und festgefügt!

Lehm und Stroh zum Nest verbauend,
schafft die Schwalbe ohne Ruh';
da fliegt ein muntrer Spatz herbei
und guckt vergnügt und fröhlich zu.
„Du arme Schwalbe!" zwitschert er.
„Hast soviel Müh' und soviel Plag'!
Dagegen baue ich mein Nest
in höchstens einem halben Tag!"
Lacht die Schwalbe: „Gerne leben
würd' ich nicht in deinem Haus;
meins jedoch, erbaut so sorgsam,
sieht nun schön und kunstvoll aus!"

(Nach einem Spruch von Martin Tittmann)

Ein Rätsel

Welch kleiner Vogel blickt klug und verständig,
blickt neugierig-munter umher in der Welt,
erfindet die schönsten, die kunstvollsten Lieder,
läßt freudig sie klingen durch Wald und Feld?

Sein Nest, sein Revier verteidigt er mutvoll
und plustert empört sich dann auf im Streit;
doch wenn er verlassene Jungvögel findet,
versorgt er sie mitleidsvoll, hilfsbereit.

Im Herbst fliegt er fort, in wärmere Länder,
bleibt manchmal auch hier, erträgt Winternot.
Welch Freud', wenn im winterlich-kahlen Geäst
der liebe Geselle sich blicken läßt,
gefiedert in Braun und in leuchtendem Rot!

Ein Mädchen fand eine Kastanie
und grub sie im Garten ein.
„Ach Mutter, daß da etwas wächst und blüht,
wann wird denn das endlich sein?"

„Wenn du das Pflänzchen fleißig pflegst,
wird bald ein Bäumchen stehn;
doch bis ein Baum, der blüht, draus wird,
muß manches Jahr vergehn!"

Es wuchs ein Bäumchen, wurd' ein Baum;
nun blüht er lieblich-lind.
Am Blütenwunder freun sich
eine Mutter und ihr Kind.

„Ich pflanze mir eine Kastanie ein",
ruft fröhlich das Kind. „Ich will
auch solch einen schönen Kastanienbaum!" –
Die Mutter lächelt still.

4. Klasse

Gott gab Augen mir zu schauen,
freudig-wach die Welt zu sehn,
gab Verstand mir, klar zu denken
und die Welt auch zu verstehn.
Sprache hat mir Gott gegeben,
wahr zu sprechen, mit Bedacht,
Hände gab er mir zum Schaffen,
manchmal kräftig, manchmal sacht.
Gott hat mir ein Herz gegeben;
mög' es liebevoll mein Denken,
meine Sprache, meine Blicke,
all mein Tun zum Guten lenken. –
Herzenskraft soll mich durchdringen,
dann kann alles mir gelingen!

Gott schuf Berge, fest geformte,
die sich reglos-stumm erheben;
Pflanzen schuf er, die wie schlummernd
wachsen und zum Lichte streben;
Tieren gab er wache Sinne
und auch Glieder, sich zu regen,
daß sie lauschend, sehend, fühlend
auf der Erde sich bewegen;
Menschen gab er klares Denken,
schuf sie mit geschickten Händen,
daß sie freudig schaffend, helfend
frei zum Guten hin sich wenden.

Gott in seiner großen Güte
schuf den Menschen mit wachen Sinnen,
gab Verstand ihm zu klarem Denken,
um Erkenntnis zu gewinnen,
gab ein Herz ihm, Freud' und Mitleid,
Glück und Trauer zu empfinden,
liebevoll mit andern Menschen
und der Welt sich zu verbinden;
Hände gab ihm Gott, daß schaffend
Erdengaben er kann wandeln –
wach, beherzt, besonnen will ich
Gutes wirken durch mein Handeln!

Als Gott den Menschen einst erschuf
und ihm den Atem hauchte ein,
da wurd' erfüllt von Himmelskraft
des Menschen ganzes Tun und Sein.

Durch Himmelskraft wurd' helles Denken,
wurd' warmes Fühlen ihm geschenkt
und auch die Fähigkeit zu sprechen,
zu äußern, was er fühlt und denkt.

Daß Himmelskraft in mir auch wachse,
will ich mich selber kräftig mühn;
es soll mein Denken und mein Sprechen
aus liebevollem Fühlen blühn!

Edelstein, der still verborgen
leuchtet in der Erde Tiefen,
zarter Pflanzenkeim, der sprießet,
als ihn Sonnenstrahlen riefen,
junge Vögel, endlich flügge,
die sich in die Lüfte schwingen,
Menschen, die sich fleißig mühen,
daß ihr Werk mög' gut gelingen –
alle spür' ich von des Schöpfers
Liebe immerdar getragen,
die auch mich erfüllt mit Licht,
mit Mut und Kraft und Zuversicht,
mich freudig in die Welt zu wagen!

Gottes Schöpfung, die ich schaue,
läßt mich Vielfalt reich erleben:
Steine, fest geformt, beständig,
Pflanzen, die zum Lichte streben,
Tiere, die sich munter regen,
lebensfroh, mit wachem Sinn,
liebe, mir vertraute Menschen,
denen ich verbunden bin.
Und ich fühl' in allen Wesen
eine Liebe, die sie trägt,
die auch mich erfüllt mit Helle,
unerschöpflich reiche Quelle,
die mein Handeln kraftvoll prägt!

Sieh den Bergkristall, den reinen,
horche, wie er zu dir spricht:
„Sternenkräfte still bewahrend
wurd' geformt ich klar und licht."

Siehe, wie aus kleinen Knospen
Blütensterne sich gestalten,
lausche, was sie leis' dir sagen:
„Will mich hin zum Licht entfalten."

Sieh das Reh im Sonnenlichte,
schau, was es dir sagen will:
Bald bewegt sich's rasch und regsam,
dann steht's wieder lauschend still.

Nimm dich wahr als Menschenwesen,
hör es in dir selbst erklingen:
„Gutes will ich tun in Stille,
Seelenlicht soll mich durchdringen!"

Still verharrend kann ich ahnen
stummes Wesen fester Steine;
staunend schau' ich, wie sich Blüten
öffnen sacht im Sonnenscheine;
lächelnd lausche ich den Vögeln,
spür', wie lebensfroh sie singen;
andrer Menschen Freude teil' ich,
seh' ihr Werk ich gut gelingen.
Lauschend, schauend fühle ich mich
liebevoll der Welt verbunden;
ihre Vielfalt froh erlebend
habe ich mich selbst gefunden.

Sieh den Bergsee dort, den stillen,
kostbar wie ein Edelstein,
schaue Tiefen, unergründlich,
in dem Wasser klar und rein.

Siehe nachts sich in ihm spiegeln
sanftes Mondlicht, Sterngefunkel
und der Morgenröte Schimmer,
wenn sich lichtet Nachtesdunkel.

Sieh den See am Tag hell glänzen –
Sonnenschein und Himmelsblau –;
doch an trüben Regentagen
ist er, wie die Wolken, grau.

Siehe Menschenaugen strahlen,
manchmal traurig sich befeuchten;
sprichst du freundlich-liebe Worte,
schau, wie sie dann freudig leuchten!

Ruth blieb treu bei ihrer Mutter,
zog mit ihr in fremde Gegend,
liebevoll sie stets umsorgend,
unermüdlich stets sich regend.

Auf den Feldern, Schnittern folgend,
las sie Ähren viele Stunden,
dankbar für die Gottesgabe,
bracht' dann heim, was sie gefunden.

Boas sah sie Ähren sammeln,
froh sich beugen ohne Klage. –
Aufrecht schritt sie, freudig lächelnd,
ihm zur Seit' am Hochzeitstage!

Den treuen Begleiter zur Seite,
den Wanderstab fest in der Hand,
so wanderte furchtlos Tobias,
durch fremdes, zerklüftetes Land.

Zur Seite den treuen Begleiter
war stets er in sicherer Hut,
durchwanderte Wüsten, Gebirge
mit frischem und freudigem Mut.

Zur Frau nahm er Sara, die liebe,
führt' glücklich sie heim aus der Fern',
bracht' Heilung dem Vater, dem blinden,
geleitet vom Engel des Herrn.

Als Daniel, der Heimat fern,
im fremden Lande sich befand,
da dacht' er mutvoll an den Brief,
den Jeremia ihm gesandt:

„Laßt Gärten bunt erblühen,
ihr sollt euch Häuser baun;
und helft euch, schafft gemeinsam
mit Kraft und Gottvertraun!"

Dies Wort bewahrte er im Herz',
daraus erwuchs ihm froher Mut,
geborgen in der Freunde Schar,
in Gottes sichrer Hut.

Daniel wurde verbannt in die Fremde,
mußte verlassen die Heimat ihm lieb.
Mutvoll erklangen im Herz ihm die Worte,
die Jeremia im Briefe ihm schrieb:

„Schafft blühende, fruchtbare Gärten,
sollt Häuser zum Wohnen euch baun;
schafft freudig und fleißig, voll Tatkraft,
dann könnt ihr auf Gott auch vertraun!"

Daniel lebte getreu dieser Weisung,
wußt' sich geborgen in göttlicher Hand,
fühlte vor Schaden sich allzeit behütet;
furchtlos durchschritt er das Land.

„Willst du als mein Stellvertreter
dieses Land für mich verwalten?"
Daniel, vor dem König stehend,
dacht': „Wie soll ich mich verhalten?
In solch hoher Stellung könnt' ich
der Verbannten Leiden lindern,
Gutes hier im Land bewirken,
Ungerechtigkeiten mindern.
Aber Neider werd' ich haben,
die nur trachten, mir zu schaden;
soll ich wirklich dieses schweren
Amtes Bürde auf mich laden?
Doch wird Gott, der die Gefährten
schützte in des Feuers Glut,
allezeit auch mich behüten." –
„Ja!" sprach Daniel frohgemut.

David steht bei seiner Herde,
wachsam blickt er in die Fernen;
eifrig übt er sich im Zielen,
stets zu treffen will er lernen.

Abends dann am Feuer scharen
sich die Lämmlein um ihn sacht;
freudig klingen Harfenweisen
durch die dunkle, stille Nacht.

Und vom hohen Sternenhimmel
tönt ein Singen klar und fein:
„Mächtig wirst dereinst du werden,
deinem Volke König sein!"

Scharfen Blickes, kühnen Mutes
wacht der Hirte jederzeit
bei der anvertrauten Herde,
Stein und Schleuder griffbereit.

Abends dann am warmen Feuer
hält der Hirte ruhige Wacht,
birgt im Arm das kleinste Lämmlein,
krault es liebevoll und sacht.

Unter weitem Sternenhimmel
klingt des Hirten Harfenweise,
klingt durch nachtesdunkle Stille;
lauschend rauschen Bäume leise.

Während Sommerblumen blühen,
jede schön in eigner Weise,
wachsen in dem Kornfeld Halme
unscheinbar und schlicht und leise.

Freudig haben sie verzichtet,
bunt zu blühen hier auf Erden,
daß sie, alle Kraft bewahrend,
Menschennahrung können werden.

Golden wogen reife Felder,
wie von Sonnengold durchwirkt;
schenkend neigt sich goldne Ähre,
die so reiche Gabe birgt.

Das Korn, ins Erdenreich gesät,
es schenkt sich hin, muß ganz vergehn,
daß neues Leben draus ersprießt,
daß Halm und Ähre neu erstehn.

Getreide reift zur Erntezeit,
und wieder schenkt das Korn sich her:
Es wird gemahlen – wird zu Mehl –
von Mühlensteinen groß und schwer.

Aus Wasser, Mehl und Salz wird Teig;
im Ruhen wird er luftig-fein;
das Feuer bäckt den Teig zum Brot –
Korn darf Menschenspeise sein!

Der Bauer steht am Acker,
betrachtet froh sein Feld,
das er mit Müh' und Sorgfalt
und Liebe hat bestellt;
in Furchen schnurgerade
hat er durchpflügt das Land,
geeggt mit seiner Egge,
gesät mit sichrer Hand.

„Ich weiß im dunklen Erdreich
die Saat in guter Hut,
vertrau', daß Gottes Segen
nun auf dem Acker ruht,
vertrau', daß Wind und Regen
und warmer Sonnenschein
der Saat nun werden helfen,
zu sprießen, zu gedeihn!"

Kraftvoll treibt des Baches Wasser
Mühlenrad und Mühlenstein,
gemahlen wird das reife Korn
zu Mehl, ganz weiß und fein.

Mehl mit etwas Salz und Wasser
mengt der Bäckermeister gut,
er knetet durch und durch den Teig
mit Kraft und frohem Mut.

Daß das Brot schön locker werde,
muß es ruhn in warmer Luft;
die Ofenhitze backt es braun,
mit knusprig-frischem Duft.

Erde, Wasser, Luft und Feuer,
Menschenhand, die fleißig werkt –
zusammen schaffen sie aus Korn
das Brot, das nährt und stärkt!

Lehm, Geschenk der Mutter Erde,
wurd' geformt, zu Stein gebrannt;
wachsen solln des Hauses Wände,
und der Maurer setzt behende
Stein auf Stein mit sichrer Hand.

Bäume, aus der Erd' erwachsen,
gaben Hölzer für den Bau;
Zimmerleute kann man schauen,
wie sie an dem Dachstuhl bauen;
jeder Balken paßt genau.

Froh erklingt es dann beim Richtfest:
„Dieses Haus aus Holz und Stein
bauten wir mit starkem Streben;
mög' es denen, die drin leben,
glückliches Zuhause sein!"

Vorbei ist die Nacht, das nächtliche Ruhn,
die Sonne ruft: „Auf nun zu fleißigem Tun!"
Die Handwerker finden am Bauplatz sich ein;
ein Haus soll entstehen, aus Holz und aus Stein.

Die Maurer und Zimmerleut' schaffen behende,
sie fügen die Steine und Balken genau;
so wachsen nun Mauern, Gebälk und die Wände,
und bald schmückt hoch droben der Richtkranz den Bau.

Die Handwerker blicken mit freudigem Stolz
aufs Haus, errichtet aus Stein und aus Holz,
von ihnen erbaut in gemeinsamem Tun:
„Es mög' auf dem Haus Gottes Segen stets ruhn!"

Gestärkt und gekräftigt
vom nächtlichen Ruhn
heißt's morgens: Frischauf nun
zu freudigem Tun!

Ihr Handwerker, Zeit ist's,
ans Werk nun zu gehn,
zu bauen, zu mauern;
ein Haus soll entstehn.

Die Wände, sie wachsen
empor Stein um Stein;
bald steht schon der Dachstuhl,
bald wird Richtfest sein.

Wenn alle sich mühen,
dann geht's gut voran;
drum schaff' jeder eifrig,
so gut er nur kann.

Das Tagwerk bringt Mühe,
die Nacht neue Stärk';
so wachsen wir selbst,
wachsen mit unserm Werk!

Geh auf Wanderschaft, Geselle,
wach und mutvoll sollst du reisen,
kraftvoll deine Schritte lenken,
sollst erfahren: Was ist Eisen?

Lern, wie Erz, aus Erdentiefen
an das Tageslicht gebracht,
wird in Feuersglut geschmolzen
und von Schlacken frei gemacht.

Lernen wirst du, wie das Eisen
wird gehärtet, wird zum Stahl,
wie's geformt wird, wie's als Werkzeug
Menschen dient viel tausend Mal.

Lerne, wie auch in dir selber
Eisen wirkt und Kraft dir gibt;
komm dann heim als Schmiedemeister,
der sein Handwerk kennt und liebt!

(Elisabeth Klein: Das Wanderjahr des Michael Herz)

Feuer lodert, kraftvoll klingen
Hammerschläge in der Schmiede;
eine Pflugschar soll entstehen,
zu des Schmiedes frohem Liede:
„Feuersglut und Menschenwille
geben Form dem harten Eisen;
freudig will ich durch die Arbeit
Menschen guten Dienst erweisen!"

Aus des Goldschmieds Werkstatt hört man
leise helles Hämmern klingen
und den Goldschmied bei der Arbeit
eine frohe Weise singen:
„Glanz, befreit aus Erdentiefen,
Silber, Gold und Edelstein,
will ich, Menschen zu erfreuen,
formen ganz behutsam fein!"

(Nach Sprüchen von Martin Tittmann)

Feuer lodert, Funken sprühen,
freudig hört den Schmied man singen,
wenn er eine Pflugschar schmiedet:
„Mög' die Arbeit Segen bringen!"

Furch' um Furche dringt die Pflugschar
in die Ackererde ein,
froh erklingt das Lied des Bauern:
„Mög' die Arbeit fruchtbar sein!"

Auf dem Acker wächst Getreide,
golden wogt und rauscht es leise:
„Erdenkraft und Himmelssegen,
Menschen, die sich fleißig regen,
schaffen reiche Erdenspeise!"

Festen Schrittes ging der Junge,
ging im Morgensonnenschein,
ging zur Schmiede: „Lieber Meister,
kann ich Lehrling bei Euch sein?"
„Willst du's Schmiedehandwerk lernen,
mußt die Glut du fleißig schüren,
mußt den schweren Schmiedehammer
rasch, geschickt und kraftvoll führen.
Lieben mußt du deine Arbeit,
ist sie manchmal dir auch Last,
wachsam lernen, stets erfragen,
was du nicht verstanden hast.
Neues Schritt für Schritt zu üben
darfst du scheuen keine Müh."
„Ja, ich will von ganzem Herzen!"
„Gut – beginn gleich morgen früh!"

Der Weber schafft in seiner Werkstatt,
da kommt ein Junge: „Meister, sprecht,
ich möcht' das Weberhandwerk lernen;
wär' ich Euch wohl als Lehrling recht?" –
„Dein frisches, frohgemutes Fragen,
dein offener und klarer Blick
gefallen mir; doch brauchst als Weber
du sehr viel Sorgfalt und Geschick,
brauchst auch Geduld, denn all die Fäden
sind nicht verwoben gleich im Nu;
daß sich die Fäden nicht verwirren,
mußt wach du weben und in Ruh'.
Bis eigne Formen du kannst weben,
das ist ein langer Weg, voll Müh'."
„Ich will's von Herzen gern versuchen!"
„Nun gut – beginn gleich morgen früh!"

Aus dem Erdreich sprießen Gräser,
grünen frisch im Sonnenlichte;
von den Gräsern nährn sich Schafe,
tragen Wolle, weiche, dichte.
Menschen Wärme schenkend haben
sie die Wolle hergegeben;
fein gefärbt und fein gesponnen,
dient dem Weber sie zum Weben.
Fleißig schafft er an dem Webstuhl,
flink geht's Schifflein hin und her;
aus der Vielzahl bunter Fäden
wächst Gewebe mehr und mehr.
Durch des Webers Fleiß und Sorgfalt
kann die Form, die er ersonnen,
in dem Webstück farbig leuchten,
hat zu leben nun begonnen!

Wunderbar gewachsen war der
Ahornbaum am Bergeshang,
der dort schon gestanden hatte
viele hundert Jahre lang.

Stürmen hatt' er standgehalten,
viel erlebt im Lauf der Jahre:
Sonnenschein und Wind und Regen,
Sternennächte, stille, klare.

Mächtig war sein Stamm geworden,
als er wurd' gefällt am Ende;
und es kam das Holz, das edle,
in des Geigenbauers Hände.

Aus der meisterlichen Arbeit,
fein und sorgsam und genau,
ist der Geige Form erwachsen –
wunderbar geschwungner Bau.

Wer das Geigenspiel will lernen,
übt mit Fleiß, geduldig-lang;
mehr und mehr wird's ihm gelingen,
daß er kann zum Leben bringen
wundervollen Geigenklang!

Mit sicherer Hand führt der Steinmetz den Meißel,
bearbeitet kraftvoll den Rohling aus Stein.
Ein sorgloser Schlag könnt' die Arbeit verderben;
drum schafft er mit Sorgfalt, behutsam und fein.

Die Hände geben allmählich dem Steine
Gestalt, die der Meister im Geiste erdacht.
Voll Freude betrachtet er, was er vollendete:
Form, die im Stein er lebendig gemacht!

„Meister, makellos und kunstvoll
habt die Vase Ihr gemacht;
sagt, mit welch geheimen Mitteln
habt Ihr solches nur vollbracht?"

Leise lächelnd sprach der Töpfer:
„Kann Euch kein Geheimnis nennen;
meine Arbeit ist die gleiche,
wie sie alle Töpfer kennen:

Ton, dem Erdenreich entnommen,
forme ich mit sachter Hand;
was ich formte, wird verzieret
und in Feuersglut gebrannt.

Wie ich's mach', kann jeder lernen:
Alles, was ich je geschafft,
tat ich liebevoll und sorgsam
und mit ganzer Herzenskraft!"

Des Königs Vase brach entzwei;
sie wurd' vom Töpfer neu gemacht,
vollkommen, wie sie vorher war –
wie hat er solches nur vollbracht?

Den Ton hat gründlich er gemischt
mit Quellenwasser und mit Sand,
hat sacht die Vase dann geformt,
sie fein verziert, in Glut gebrannt.

Dies alles tat er meisterlich;
doch daß sein Werk so gut gelang,
das kam, weil aus des Herzens Grunde
Liebe all sein Tun durchdrang.

Größtes sah der Lehrling seinen
Meister schaffen ganz in Stille;
und er dacht': „Ein Held zu werden,
so wie er – das ist mein Wille!"

(Beide zu der Geschichte „Die zerbrochene Vase")

5. Klasse

Die Kerze brennt hell,
mit stetiger Flamme,
die Flamme verschenkt sich
und mindert sich nicht;
sie strahlt in das Dunkel,
will's kraftvoll durchdringen,
mit leuchtendem, warmem,
lebendigem Licht!

Die Sonne strahlt hell auf die Erde hernieder,
mit Licht und mit Wärme erfüllt sie die Welt;
ohn' sie würden Kälte und Finsternis herrschen,
sie ist es, die jegliches Leben erhält.

Die Sonne strahlt auch in mein Herz voller Wärme,
entzündet im Innern mir leuchtendes Licht;
dies Licht zu behüten, es wachsen zu lassen,
will stets ich mich mühen, mit Zuversicht!

Peter Michejew ging hinter dem Pfluge,
arbeiten mußt' er am Ostertag.
Unbeirrt pflügte er, Furche um Furche,
ohne Empörung und ohne Klag'.

Peter Michejew sang freudigen Mutes;
vor ihm die Kerze, die flackerte nicht.
Er wußt', daß Unrecht besiegt wird durch Güte,
durch Güte, die ihn erfüllte mit Licht!

(Leo N. Tolstoi: Die Osterkerze)

Das Licht, entzündet am heiligen Feuer,
ward dir übergeben in treuliche Hut;
bewahre die Flamme, daß nie sie erlösche,
beschütze sie sorgsam, dein kostbarstes Gut!

Behüte das Licht vor Regen, vor Stürmen
und trage beherzt es auf all deinen Wegen,
durch Wüsten und Steppen, durch schroffe Gebirge,
behutsam, beharrlich dem Ziele entgegen!

(Selma Lagerlöf: Die Lichtflamme)

„Das Licht, das du trägst, sag, woher du es brachtest,
warum du es stets hast so sorgsam bewacht."
„Es wurde entzündet am heiligen Feuer,
drum hab' ich's behütet bei Tag und bei Nacht."

„Wie konntest so lang du die Flamme bewahren?"
„Geduld mußt' ich lernen statt stürmischem Streben;
wenn andern ich half und mich mitleidig zeigte,
dann wurde mir selber auch Hilfe gegeben."

„Wirst sicher ans Ziel du das Licht denn wohl bringen?"
„Leicht könnt' es erlöschen, doch hab' ich erfahren,
wie's in meinem Innern auch lichter geworden;
und dieses Licht werde gewiß ich bewahren!"

(Selma Lagerlöf: Die Lichtflamme)

„Raniero, woher nahmst du Stärke und Mut,
das Licht so beharrlich zum Ziele zu tragen,
wer gab dir die Zuversicht, wer die Geduld,
auf mühsamem Pfad nicht zu zaudern und zagen?"

„Durch mühendes Streben wuchs Mut mir und Kraft;
doch hat mich auch schützend und stärkend geleitet
Francesca, die meiner in Liebe gedachte –
sie hat in Gedanken ans Ziel mich begleitet."

(Selma Lagerlöf: Die Lichtflamme)

„Francesca, wer gab dir die Stärke, so mutvoll,
so unbeirrt und so entschieden zu handeln,
woher nahmst Geduld du, woher das Vertrauen,
daß Mühsames würde zum Guten sich wandeln?"

„Aus liebendem Herzen erwuchs mir die Klarheit,
mein Ziel, das noch ferne, stets sicher zu sehn;
aus liebendem Herzen erwuchs mir auch Kraft,
aufs Ziel zu ohn' Zaudern und freudig zu gehn."

(Selma Lagerlöf: Die Lichtflamme)

Gudrun, verschleppt an den Hof der Normannen,
mußte die niedrigsten Dienste tun;
in grobem Kittel aus Leinen gekleidet,
mußt' hart sie sich plagen, ohn' Rasten und Ruhn.

Im eisigen Wintersturm mußt' sie am Meere
die Schmutzwäsche waschen an allen Tagen;
doch niemals verlor sie die Hoffnung, den Mut,
trug Mühsal und Elend, ohne zu klagen.

Ein einziges Wort nur von ihr hätt' genügt,
und Königin wär' sie geworden sogleich;
doch wahrte die Treue sie unbeirrt;
die Liebe gab Kraft ihr und machte sie reich!

Am fremden Königshofe
sah nie man Gudrun klagen;
geduldig tat sie alles,
was ihr wurd' aufgetragen.

Es wuchs aus ihrer Liebe
ihr Mut und Kraft und Halt;
der Blick blieb klar und leuchtend
und aufrecht die Gestalt.

Oft stand sie still am Strande,
sah unverwandt aufs Meer.
Da nahte ein Boot eines Abends,
fuhr gradewegs zu ihr her!

Gudrun mußt' bei den Normannen
Schmach erdulden lange Zeit,
bis sie von der Freunde Heerschar
wurd' in hartem Kampf befreit.

Glücklich konnt' sie heimkehrn endlich
nach der Leidenszeit so bitter;
als Gefangne kamen mit ihr
Hartmut selbst und seine Ritter.

Gleiches hätte sie mit Gleichem
leicht vergelten können nun;
doch sie wußte, Haß und Feindschaft
würden wachsen dann, nie ruhn.

Und so ließ sie ihre Feinde
aus der Kerkerhaft befrein,
lud als Freunde sie zur Hochzeit,
konnt' jetzt wirklich glücklich sein!

Ungebeugt nahm Gudrun auf sich
Schmach und Armut; ohne Schwanken
blieb sie Herwig treu verbunden,
war ihm nahe in Gedanken.

Unbeirrt blieb ihre Liebe
in den schweren dunklen Jahren,
wurde stärker nur und lichter
durch das Leid, das sie erfahren.

Doch erwuchs ihr aus der Trennung,
die sie trug so viele Jahr',
frohes Glück des Wiedersehens,
das nun um so größer war.

Und als schließlich sie geworden
Königin in Herwigs Land,
half sie gütig stets den Armen
voller Mitleid und Erbarmen,
sie, die Armut selbst gekannt.

Parzival ritt durch unwegsame Lande,
ritt durch Gebirge, durch tiefdunkles Tal;
niemals verlor er sein Ziel aus den Augen:
Er suchte die Lichtburg, den heiligen Gral.

Unbeirrt zog all die Jahre er weiter,
scheute nicht Mühe und keine Gefahr,
mußt' manchen Kampf mit dem Schwerte bestehen,
blieb ohne Furcht, wer sein Gegner auch war.

Doch konnt' die Schwerthand ans Ziel ihn nicht bringen;
ihm blieb verborgen die Lichtburg, der Gral.
Erst mußt' er lernen, aus Mitleid zu fragen,
aus mitfühlndem Herzen das Rechte zu sagen;
da wurd' schließlich Gralskönig Parzival!

Gerüstet, gewappnet, mit Schwert und mit Lanze,
so magst du manch mächtigen Gegner bezwingen;
doch wirst du mit Stärke, das Schwert in den Händen,
zur Gralsburg, zur lichten, ganz sicher nicht dringen.

Die finstersten Forste magst suchend du queren,
das schroffste Gebirge, das dunkelste Tal;
dein Suchen allein wird zum Ziel dich nicht führen,
zur Gralsburg, zur lichten, zum heiligen Gral.

Dein mitfühlndes Herz nur kann weisen den Weg dir,
erhellen den Weg dir zu Lichtburg, zum Gral;
die Frage, aus Mitleid und Liebe erwachsen,
sie bringt dich zum richtigen Ziel, Parzival!

Parzival ging von zu Hause fort,
fort von der Mutter behütender Hand;
Ritter wollt' werden er, tapfer und kühn;
furchtlos durchritt er das Land.

Tapferkeit brachte ihm Ruhm, doch er zog
ruhelos suchend umher in der Welt.
Erst als durch Mitleid sein Herz wurde licht,
ward auch der Weg ihm zur Gralsburg erhellt!

Nicht an Rüstung, Schwert und Lanze
kann man Ritter heut erkennen;
wer beherzt, besonnen handelt,
der darf „Ritter" sich wohl nennen.

Lernen muß er, wann es Zeit ist,
still zu lauschen und zu schweigen,
lernen muß er, frei und offen
seine Meinung klar zu zeigen.

Ganz bedachtsam und geduldig
abzuwarten übt er gut,
kann dann voller Tatkraft handeln,
unbeirrt und frohgemut.

Wer mit Herzenskraft sich rüstet,
festen Willen hat als Schwert,
wessen Denken hell und trefflich,
ist des Ritterschlags wohl wert!

„Ich war", spricht die Vergangenheit,
„ich hab' dir teuren Schatz gebracht:
Erfahrung und Erinnerung;
bewahr ihn, nutz ihn mit Bedacht!"

„Ich bin", spricht die Gegenwart, „immer aufs neue,
ich schenk' dir den kostbaren Augenblick;
erlebe ihn wach und mit offenem Herzen,
ergreif ihn mit Tatkraft, mit flinkem Geschick!"

„Ich werd' dich beschenken", ruft hell die Zukunft,
„erwart mich mit freudig-entschlossenem Mut.
Was ich dir werd' bringen? Es liegt an dir selber –
sei stets guten Willens, dann wird's gewiß gut!"

Abends auf mein Tagwerk schauend –
was mir gut gelang, was nicht,
wie ich andern bin begegnet –,
nehm' ich Dunkel wahr und Licht:
Hell erscheint mir, was ich schaffend,
helfend gut zuweg' gebracht;
Dunkles seh' ich, wo ich säumte,
fühllos handelnd, unbedacht.
Doch ich will nicht im Vergangnen
nur verweilend grübelnd wachen,
blick' voraus mit frischem Mute:
„Morgen werd' ich's besser machen!"
Und ich weiß, mein Engel gibt mir
Himmelslichteskraft und Segen;
unbeschwert geh' in den Schlaf ich,
neuem Tagwerk froh entgegen!

Vom Talgrund aus sah ich im Morgenlicht blinken
das Gipfelkreuz, fern noch, ganz winzig-klein;
dann steh' ich am Fuße des Berges und denke:
Welch Weg mag zum Gipfel der beste wohl sein?

Der steile, der gradwegs zum Gipfel hinaufführt?
Wer diesen Weg ginge, der käme nicht weit;
auf halbem Weg wäre er völlig erschöpft schon,
müßt' mutlos schon umkehrn nach kurzer Zeit.

Der Weg, der durchs Dunkel der Wälder sich windet?
Den wähl' ich, werd' lang ich das Ziel auch nicht sehn;
doch geh' ich mit ruhiger Kraft und geduldig –
ich weiß, ich werde am Gipfelkreuz stehn!

Den Talgrund durchwanderte früh ich am Morgen,
sah froh auf den Wiesen die Tautropfen funkeln;
der Pfad wurde schmaler, er führte bergan mich,
hinauf in den Bergwald, den schattigen, dunkeln.

Nun rast' ich auf moosigem Baumstamm und sehe
ein Reh leichten Fußes den Hang hinauf springen;
hoch über den Wipfeln im Himmelsblau flieget
ein Adler, schwebt kreisend mit mächtigen Schwingen.

Genug jetzt geruht! Ich will wieder wandern;
den Weg, ist er weit auch und steil, scheu' ich nicht.
Mit Mut und Geduld werd' mein Ziel ich erreichen;
ich werde gelangen zum Gipfel, zum Licht!

Am Morgen schien warm schon die Sonne im Talgrund,
ich wanderte fröhlich durch Wiesen und Felder;
der Weg wurde steiler und schmaler, er führte
bergan mich ins dämmrige Dunkel der Wälder.

Ich lausche; kein Laut stört die friedliche Stille,
nur manchmal streicht leise der Wind durch die Wipfel.
Ich folge dem Pfade mit ruhigen Schritten
und frage mich: „Werd' ich erreichen den Gipfel?"

Ein Sonnenstrahl bricht durch das Dickicht der Zweige,
erfüllt mich im Herzen mit Zuversicht.
Ich sehe nun deutlich das Gipfelkreuz vor mir –
ich werde gelangen zum Gipfel, zum Licht!

„Kennst du dort den Berg, den fernen?"
„Ja, ich war schon nahe dran;
Wälder, grüne Wiesenhänge
steigen sanft zum Gipfel an."

„Nein, du irrst dich, ich sah selber
nah den Berg vor ein paar Tagen;
Felsenwände, wild-zerklüftet,
sah ich steil zum Himmel ragen!"

Beide sahn nur eine Seite:
sanft geschwungen – schroff und wild.
Hoch zum Gipfel mußt du steigen,
dann wirst du gewinnen das ganze Bild!

Wohlgeborgen in dem Hafen
liegt das Schiff und schaukelt leise;
doch an einem Frühlingsmorgen
geht es fort, auf große Reise.

Gelichtet wird der Anker schwer,
es reckt sich hoch der Masten Holz,
es blähen sich die Segel stolz;
hinaus, hinaus aufs weite Meer
fährt jetzt im frischen Morgenwind
das Segelschiff geschwind.

Es segelt unter heller Sonne
und unterm weiten Sternenzelte,
genießt des Südens warme Wonne,
doch wagt sich's auch in Nordmeerkälte;
dort trotzt es tapfer Frost und Stürmen,
den Wellen, die sich tosend türmen.

Die Lande tauchen auf, versinken,
bis eines Tages man sieht blinken
des wohlvertrauten Leuchtturms Licht –
der Heimathafen ist in Sicht!

In dem Hafen ruht das Schiff,
schaukelt auf den Wellen leise,
träumt schon lang von großer Fahrt,
bis es wirklich geht auf Reise.

Gehißt wird das Segel, der Anker gelichtet,
stolz kündet die Flagge: „Hinaus in die Welt!"
Das Schiff segelt tags unter gleißender Sonne,
es segelt auch nachts, unterm Sternenzelt.

In südlichen Breiten wehn sachte die Winde;
doch als sich das Schiff in das Nordmeer auch wagt,
da tosen die Stürme, da türmen sich Wellen;
das Schiff jedoch hält den Kurs unverzagt.

Dem Ziel geht's entgegen, und wenn mal kein Wind weht,
wird kräftig gerudert, verweilt wird dann nicht!
Da blinkt eines Tages der Leuchtturm „Willkommen!" –
der heimische Hafen ist wieder in Sicht!

Väinämöinen, alt und weise,
Ilmarinen als der zweite
und als dritter Lemminkäinen
fuhren durch des Meeres Weite.

Plötzlich wurd' der Himmel finster,
heftig fing es an zu stürmen,
wilde Wellen sah man tosend,
sich zu Hauses Höhe türmen.

Klagend rief da Ilmarinen:
„Ach, welch Pech verfolgt mich Armen!
Wär' ich nur daheim geblieben!
Wind und Wellen, habt Erbarmen!"

Darauf sagte Väinämöinen:
„Besser wär's, du schwiegest stille;
Jammern hilft nicht aus Gefahr dir,
nur dein festentschlossner Wille!"

Lemminkäinen, voller Tatkraft,
machte sich ans Werk behende;
daß aufs Schiff nicht Brecher brausten,
höhte er die Seitenwände.

Nun durchschnitt das Schiff die Fluten,
trotzte Wellen, Sturm und Regen;
unbeirrt auf rechtem Kurse
fuhr es seinem Ziel entgegen.

(Kalevala)

Es stürmt auf dem Meer,
das Schiff müht sich schwer,
die Wellen, sie türmen sich hoch mit Gebraus.
So heftig's auch weht,
der Steuermann steht
am Ruder und blickt unbeirrt gradeaus.

Gradaus bleibt sein Blick,
er lenkt mit Geschick
das Schiff vorbei an dem felsigen Riff.
Der Leuchtturm von fern
blinkt hell wie ein Stern;
geborgen im Hafen ist bald schon das Schiff.

Das Schiff hat gebracht
gar kostbare Fracht;
nun liegt's an der Reede, erholt sich in Ruh'.
Doch dann heißt's „Ade",
das Schiff sticht in See;
dem Ziel, dem noch fernen, geht's frohgemut zu!

(Kalevala)

Sieh, wie der Tintenfisch gleitet durchs Wasser,
voll Neugier die Fangarme vorgestreckt;
und was er erblickt und erfühlt und empfindet,
das zeigt sich sofort bei ihm, farbig gefleckt:
Mal gelblich, mal rötlich, mal bläulich erscheinend,
verändert sein Aussehn sich immerzu,
gleich farbigen Wolken, dahinhuschend-flüchtig,
sich bildend und schwindend wieder im Nu.

Sieh am Meeresgrund die Muschel,
die fast reglos dort verharrt,
die im Schalenhaus sich bergend,
nicht sogleich sich offenbart.
Doch im Innern fühlt empfindsam
sie des Meeres Strömen immer,
bildet stetig im Verborgnen
wunderbaren Perlmuttschimmer.

Bei den Tieren sehn die Glieder
so vollendet wir gestaltet,
daß sich jeder Tierart Können
in besondrer Weis' entfaltet:

Daß sie flink in Bäumen klettern,
weithin sich zu springen trauen;
daß sie tauchen, pfeilschnell schwimmen,
Bäume fälln und Dämme bauen.

Daß sie in dem Erdreich drinnen
tiefe Gänge, Höhlen graben;
daß sie Bergeshöhn erklimmen,
in der Ebne kraftvoll traben.

Tiere sind der Erd', dem Wasser,
sind der Luft ganz hingegeben –
frei sind unsre Menschenhände,
da wir aufrecht uns erheben.

Frei sind unsre Hände dafür,
daß mit sinnvoll-klarem Denken
wir aus liebevollem Herzen
freudig schaffen, helfen, schenken!

„Wozu soll der Damm dort dienen,
der den Bach, den breiten, staut,
der aus Erde, Zweigen, Stämmen
ist so meisterhaft erbaut?"

„Segensvoll kann solch ein Staudamm
lenken wilden Baches Lauf,
hält zurück die Frühjahrsfluten,
hebt für Dürrezeit sie auf."

„Wer war wohl des Damms Erbauer?"
„Biber haben ihn gemacht."
„Wie nur haben denn die Biber
solch ein mächt'ges Werk vollbracht?"

„Kraftvoll schafften viele Biber;
nur gemeinsam konnt's gelingen,
unbeirrt voll Tatkraft schaffend,
so Gewalt'ges zu vollbringen!"

„Eichkätzchen, du kletterst so kühn im Geäst
und bautest so kunstvoll dein Kugelnest;
wer hat dir das Klettern und Baun beigebracht?"
„Ich lernt' es von selber, ich konnt's über Nacht."

„Du tüchtiger Biber, du fällst fleißig Stämme,
baust rastlos aus Reisig dir Burgen und Dämme;
wie hast du's im Bauen zum Meister gebracht?"
„Ich konnt' es von selber, ich lernt's über Nacht."

„Du Mensch, mit den Händen so vielseitig fähig,
wie hast du so vieles zu lernen geschafft?"
„Ich mühte mich eifrig, ich übte beständig;
so wurd' ich geschickter, so wuchs Mut und Kraft!"

Wie leicht hat's ein Vöglein: Von selbst kann's schön singen,
so bald schon fliegt's mühelos fort in die Welt;
wie frei ist's, kann fliegen, wohin es grad möchte,
und baut sich sein Nest, wo es ihm gut gefällt.

Wie müssen wir Menschen so mühsam erst üben,
um Tüchtigkeit und um Geschick zu erringen!
Doch wer sich gemüht hat manch lange Stund',
dem fällt vieles leichter, der hat guten Grund,
so fröhlich und frei wie ein Vöglein zu singen!

Meeresfluten, fallend, steigend,
in dem Wechsel der Gezeiten,
tragen Schlick, den fruchtbar-reichen,
an den Strand, aus Meeresweiten.

Und die Menschen legen fleißig
Lahnungen und Gräben an,
daß der Schlick vom Meer nicht wieder
fortgerissen werden kann.

Quellerpflanzen, bald auch Gräser
machen grün das neue Land;
Schafe, Kühe sieht man weiden,
wo sich graues Watt einst fand.

Einen Deich, hoch aufgeschüttet,
müssen dann die Menschen bauen,
so, daß selbst bei schlimmer Sturmflut
seinem Schutz sie können trauen.

Marsch, vom Meere abgerungen
durch beharrlich-fleiß'ges Streben,
kann den Menschen ein Zuhause,
eine sichre Heimat geben.

Sonn- und Mondenkraft bewirken
bei dem Meer, dem großen weiten,
Flut und Ebbe, wie ein Atmen,
steten Wechsel der Gezeiten.

Schlick wird angeschwemmt und bildet
neuen Boden, fruchtbar-guten;
doch versank in mancher Sturmnacht
weites Land in Meeresfluten.

Nur mit Tatkraft, zähem Willen
kann den Menschen es gelingen,
von dem Meer für Wiesen, Äcker
Land beständig abzuringen.

Lahnungen, den Schlick zu halten,
Deiche, Schutz dem Land zu geben –
Marschland wird zu reicher Heimat
durch der Menschen fleiß'ges Streben!

Staunend steh' ich vor dem Dome,
sehe hoch die Türme ragen,
sehe Streben, mächt'ge Mauern,
die des Daches Lasten tragen.

Drinnen seh' ich schlanke Pfeiler
zu Gewölben sich erheben,
sehe Fenster, mit den Bildern,
die so leuchtend-farbig leben.

Und ich denke, seit der Meister
einst den kühnen Plan ersonnen,
seit der Grundstein ward gesetzet,
wieviel Zeit ist da verronnen!

Wieviel' Menschen haben seither
hier geschafft mit fleiß'gen Händen,
trugen bei zum großen Ziele:
dieses Bauwerk zu vollenden!

Im Atmen verbinde ich mich mit der Welt;
die Luft, als Geschenk von den Bäumen gegeben,
ich atme sie tief in die Lunge ein,
sie gibt frische Kraft mir, erhält mich am Leben.

Im Ausatmen gebe der Luft ich Gestalt,
ich gebe ihr Klang, ich gebe ihr Sinn;
so teile beim Singen, beim Sprechen ich mit,
was ich fühl', was ich denk', wer ich bin!

Es schneit, und die Flocken, sie fallen vom Himmel,
sie tanzen zu Tausenden, welch ein Gewimmel!
Das Flöckchen dort, sieh! – Doch schon ist's verschwunden,
du hast im Gestöber es nicht mehr gefunden.
Doch wenn sich ein Schneeflöckchen niedersetzt sacht,
dann schau
genau
und staune, welch Wunder der Winter gebracht!
Und wirbelt auch um dich das Schneetreiben dicht,
was kümmert's denn dich, du beachtest es nicht;
du siehst nur den einen Glitzerstern,
den Boten aus weiter Himmelsfern!

Als Schneeflocke kam der Tropfen zur Erde,
dann schmolz er, verlor seine Sternengestalt;
er weilte im Erdreich, im dunklen, geborgen,
doch zog's ihn ins Freie, ans Tageslicht bald.

Die zahllosen Tropfen, der Erde entsprungen,
sie suchten gemeinsam den Weg durchs Gestein;
sie formten in stetigem Fließen die Felsen
und konnten sie glätten und runden so fein.

Der Bach floß zu Tale; man sah ihn als Fluß
sich kraftvoll durch Täler und Ebenen winden,
mit anderen Bächen und Flüssen vereint
in ruhigem Strömen zum Meer schließlich finden.

Vom Berge herab kommt das Bächlein gesprungen,
hüpft munter und rastlos von Stein zu Stein;
die Wellen, die leichten, die flüchtigen, flachen,
sie funkeln und glitzern im Sonnenschein.

Was immer hell-blitzend der Bach mag spiegeln,
im Augenblick ist es gleich wieder verschwunden.
Erst wenn des Bachs bewegte Flut
im klaren, tiefen See still ruht,
hat er der Sterne Bild gefunden.

Aus dem Erdenschoß gesprudelt,
kam ans Licht ein kleiner Quell;
zwischen Steinen, Moos und Wurzeln
sprang ein Bächlein silberhell.

Aus dem Bächlein wurd' ein Bach bald,
der den Weg zu Tale fand,
der als Fluß nun kraftvoll-ruhig
strömet durch das weite Land.

Bald wird in die See er fließen,
ist im Meer gut aufgehoben;
Wasserdunst wird Wolken bilden,
die am Himmel ziehn da droben.

Aus den Wolken wird der Regen
wieder fallen auf die Erden. –
Alles Leben ist stets Wandel,
ist Vergehn und neues Werden!

6. Klasse

Savitri ging mutvoll den Weg, den gewählten,
verließ den Palast, um in Armut zu leben;
sie fühlte sich reich an Satyavats Seite,
mit Tatkraft und Fleiß ihrer Arbeit ergeben.

Selbst dann blieb sie aufrecht und unerschrocken,
als Yama kam, düsterem Schatten gleich,
und Satyavats Seele gefesselt davontrug,
sie unerbittlich zu führn in sein Reich.

Savitri folgte ihm, furchtlos, beharrlich,
verzagte auf finsteren Pfaden nicht,
konnt' kraft ihrer Liebe selbst Yama bezwingen,
für Satyavat Leben und Rettung erringen –
im Dunkel blieb siegreich der Liebe Licht!

Savitri verließ den Palast ihres Vaters,
sie ging ohne Furcht ihrem Schicksal entgegen;
mit ihrem Gemahl lebt' im Wald sie in Armut,
man sah sie stets frohgemut-fleißig sich regen.

Als Yama dem schlafenden Satyavat nahte,
die Seele zu führn in sein finsteres Reich,
da zeigte Savitri sich unerschrocken;
sie folgte dem Unerbittlichen gleich.

Die Liebe gab Kraft ihr, zur Seit' ihm zu bleiben,
auf steinigen Wegen in finsterer Nacht.
So konnt' sie selbst Yama am Ende doch rühren,
konnt' Satyavat heim zu den Eltern führen –
so siegte der lichtvollen Liebe Macht!

König Nal, dem alles glückte,
wurde nachlässig in seinem Handeln;
durch der Götter Willen sollt' er
schwere Schicksalswege wandeln,
ward getrennt von Damayanti,
mußt' verlassen Thron und Land;
und an fremdem Königshofe
dient' als Knecht er unerkannt.
Fleißig, ruhig und geduldig
schaffte er an allen Tagen,
bis er eines Tags durft' lenken
König Rituparnas Wagen.

Das Pferdegespann stob dem Ziele entgegen,
pfeilschnell durch die Täler und über die Hügel.
„Ein König nur", dacht' Rituparna voll Achtung,
„kann führen so fest und so sicher die Zügel."
Am Hof, wo so lang Damayanti schon harrte,
war schließlich zu Ende die mühsame Reise;
und Nal, der sein Königreich wiedergewann,
herrschte nun gütig, besonnen und weise.

Das Pferdegespann eilt dem Ziele entgegen,
pfeilschnell, über Berge und Hügel.
Wer ist's, der den Wagen so mutvoll kann lenken,
so sicher kann führen die Zügel?

Es ist König Nal; ihm ward von den Göttern
ein mühvolles Schicksal gegeben;
er mußt' in der Fremde als Knecht sich verdingen,
hart schaffend mußt' einsam er leben.

Doch jetzt ist die Zeit schwerer Prüfung vorüber,
nun kehrt er zurück in sein Land.
Aus gütigem Herzen wird fortan er herrschen,
besonnen, mit tatkräft'ger Hand!

König Nal ward von den Göttern
schweres Schicksal aufgegeben;
fern von Damayanti mußt' er
elend in der Fremde leben.

An dem Hofe Rituparnas
dient' als Knecht er unerkannt,
schaffte in den Pferdeställen
stetig, still, mit fleiß'ger Hand.

Doch endete schließlich der Prüfung Zeit;
zum Wagenlenker wurd' er erkoren,
sollt' fahrn Rituparna ins Vidabhaland,
zu Damayanti, so lang ihm verloren.

Die Pferde, sie stoben dem Ziele entgegen,
pfeilschnell ging die Fahrt über Berge und Hügel.
„Ein König nur", dacht' Rituparna bewundernd,
„kann führen so ruhig und sicher die Zügel."

Wie glücklich erfüllt Damayanti und Nal
nach langem Getrenntsein beisammen nun waren,
wie gütig sie herrschten, bescheiden, gerecht –
sie, die solch Mühsal hatten erfahren!

Einst suchten die Inder im Innern der Seele
den Abglanz des himmlischen Lichtes zu schauen –
die Perser erstrebten, die Welt zu durchlichten,
mit Tatkraft, durch fleißiges Schaffen und Bauen.

Wir können auf lichtvolles Ziel uns besinnen
und tatkräftig handeln in lichtvollen Werken;
wir können nach innen und außen uns wenden,
das Licht in der Welt und uns selber stärken!

Dieses lehrte Zarathustra
einst vor vielen tausend Jahren:
wie sich aus der Welten Urgrund
Licht und Finsternis gebaren.

Und er lehrte, daß die Menschen
auf der Erde sich befinden,
Lichtes auf der Welt zu stärken,
Finsternis zu überwinden.

„Hütet das heilige Feuer", sprach er,
„pfleget die Äcker mit fleißiger Hand,
pflügt sie und sät das Getreide und erntet,
wässert die Wüste, macht fruchtbar das Land!

Schafft ihr entschlossen und freudigen Mutes,
werdet der Finsternis Macht ihr bezwingen;
Sonnenkraft wird dann die Erde erfüllen,
wird eure Herzen auch lichtvoll durchdringen!"

Gilgamesch, König von Uruk, ∗ verlor seinen Freund, den so teuren;
untröstlich war er, voll Kummer, ∗ konnt' keine Ruhe mehr finden,
gequält von der Frage, warum nur ∗ der Mensch müsse altern und sterben.
Schließlich zog fort er von Uruk, ∗ Ziusudra, den Urahn, zu suchen.

Ganz an den Rand der bekannten ∗ Welt gelangte er schließlich.
Furchtlos in völligem Finstern ∗ folgte dem Gang durch den Berg er,
bis nach zwölf Tagen und Nächten ∗ am Ufer des Meeres er stand.
Mühevoll rudernd gelang's ihm, ∗ das Meer des Todes zu queren.

Dort an dem jenseit'gen Ufer ∗ fand er am End' Ziusudra,
bat ihn mit flehenden Worten, ∗ das Rätsel, das dunkle, zu lösen.
„Wache sechs Tage, sieben Nächte!" ∗ so lautet' die Antwort Ziusudras.
Wach wollte Gilgamesch bleiben, ∗ doch wurd' er vom Schlaf übermannt.

Gilgamesch, schließlich erwachend, ∗ betrübt sein Scheitern erkennend,
wurd' von Ziusudra, dem Weisen, ∗ mit solchen Worten getröstet:
„So wie der Schlaf stets dem Wachen ∗ im menschlichen Leben muß folgen,
folget der Tod auf das Leben; ∗ so ist's von den Göttern beschlossen.
Doch kannst du dessen gewiß sein: ∗ Vergehen wird nimmer die Seele;
verwandelt wird weiter sie leben, ∗ verweilen in anderen Welten,
und dort wirst den Freund, den so teuren, ∗ du einstmals gewiß wieder
    finden!"

„Such auf dem Meergrund das Stechkraut, ∗ dann wirst du das Leben
    finden."
So sprach Ziusudra, der Urahn, ∗ zu Gilgamesch, Hoffnung ihm schenkend.
Tief nun hinabtauchend konnt' er ∗ die Pflanze ans Tageslicht bringen,
machte sich froh auf den Heimweg, ∗ die Stechpflanze mit sich führend.

Rast hielt er bei einem Brunnen, ∗ legte die Pflanze beiseite.
Ehe er's konnte verhindern, ∗ kam eine Schlange gekrochen,
hatte das Stechkraut verschlungen, ∗ häutete sich auf der Stelle.
Lichtvoll erglänzend, verjüngt nun, ∗ kroch ins Gebüsch sie davon.

Gilgamesch sah es mit Staunen, ∗ und dieses ward ihm zur Erkenntnis:
„Alter und Tod sind dem Menschen ∗ als Schicksal von Göttern beschieden;
doch wenn dereinst meine Seele ∗ abstreift die leibliche Hülle,
wird sie, der Schlange gleich, lichtvoll ∗ verwandelt gewiß weiterleben!"

Hatschepsut, Pharao, herrschte * über die Länder am Nil,
mutvoll und umsichtig lenkte * sie Ägyptens Geschick;
all ihre Herzenskraft galt * stets dem Wohl ihres Volkes;
Frieden schenkte dem Land sie; * Handwerk und Handel erblühten,
und auf den fruchtbaren Feldern * reifte das Korn in Fülle!

Gegen die Horden der Hyksos * kämpften beherzt die Ägypter,
bis sie am Ende siegreich * die fremden Eroberer vertrieben.
„Unser so starkes Heer", * dachte nun mancher, „sollt' ausziehn,
Völker zu unterwerfen, * die Macht Ägyptens zu mehren."
Andere Pläne erwog * Hatschepsut in ihrem Herzen,
sehend, welch Spuren der Krieg * hatte im Land hinterlassen:
Tempel zerstört und verödet, * brach lagen viele der Äcker.
Friedvollem Aufbau sollt' alle * Kraft ihres Volkes nun dienen;
kühn gab sie neue Ziele * den tapfersten ihrer Soldaten:
„Ihr sollt die fernsten Länder * erforschen, sollt Freundschaft dort
     schließen!"
Hatschepsuts maßvolle Herrschaft * wahrte nun blühenden Frieden;
erhabene Bauten entstanden, * reich war die Ernte der Felder!

Gekränkt ob des Unrechts, das er * von Agamemnon erfahren,
zog unnachgiebig Achill * sich von den Kämpfen zurück.
Als jedoch sein Gefährte * Patroklos im Kampfe gefallen,
entbrannt' er in Rachsucht, im Zorn, * stürzt' sich ins Kampfesgetümmel.
Schließlich kam Priamos selber, * der greise König von Troja,
ins Lager der Griechen, um Milde * von Achill zu erbitten.
Da ließ sich Achilleus besänft'gen, * bezwang seinen Zorn, seine Rachsucht,
errang so, sich selbst überwindend, * im Herzen den größten Sieg.

Odysseus und seine Gefährten * durchsegelten fremde Gewässer,
der fernen Heimat entgegen, * gelangten zur Insel Aiaia.
Als ein'ge Männer die Insel * erkundeten, wurden von Kirke
in ihrem Palast sie bewirtet, * verzaubert, in Eber verwandelt.

Mit Götterhilfe gelang es * Odysseus, den Zauber zu lösen;
und Kirke, bezwungen, lud alle, * als Gäste bei ihr zu verweilen.
Obgleich Eurylochos warnte, * sah bald man die Schar der Geladnen
bei köstlichen Speisen, beim Weine * in Kirkes Palast sich vergnügen.

Es flogen dahin die Tage, * und bald war ein Jahr schon vergangen;
da mahnten am End' die Gefährten: * „Verlier nicht dein Ziel aus den
    Augen!"
Odysseus besann sich im Herzen, * gedachte der Lieben zu Hause;
entschlossen und zielstrebig lenkte * das Schiff er hinaus nun aufs Meer!

Nach langen gefahrvollen Fahrten * der Küste der Heimat sich nähernd,
den Leuchtturm von ferne erblickend, * sich sicher am Ziele schon wäh-
    nend,
fiel tief in den Schlummer Odysseus, * der bisher so wachsam gewesen.
Da öffneten seine Gefährten * den Beutel, Geschenk des Aiolus,
und widrige Winde entwichen, * sie stürzten entfesselt aufs Schiff sich,
sie trieben es weit in die Fremde, * in unbekannte Gewässer.
Betrübt erwachte Odysseus, * sich fern seiner Lieben findend;
doch schwor er: „Beharrlich, stets wachsam * werd' dennoch mein Ziel ich
    erreichen!"

Odysseus ward schweres Schicksal beschieden;
lang durft' er die Küste der Heimat nicht sehn,
irrt' Jahre umher auf dem Meer, in der Fremde,
mußt' schlimme Gefahren bestehn.

Gefangen vom blindwütig-grausen Kyklopen,
umhergeworfen von tosender Flut,
im Sog der Charybdis, des strudelnden Abgrunds –
er zeigte entschlossenen Mut.

Nichts konnt' ihn beirren, konnt' mutlos ihn machen;
das Bild Penelopes, im Herzen bewahrt,
gab stets ihm Gewißheit: „Ich werde am Ende
erreichen das Ziel meiner Fahrt!"

Odysseus gehorchte in Ehrfurcht den Göttern,
nahm auf sich die Prüfungen alle, die schweren,
mußt' hundertfach schlimme Gefahren bestehen,
bei mühvollen Fahrten auf fremden Meeren.

Im Sturme, inmitten der tosenden Wogen,
bedroht durch des grausen Kyklopen Wut,
im Bann der Charybdis, des strudelnden Abgrunds,
stets wahrte er furchtlos-besonnenen Mut.

Nichts konnt' ihn verlocken, vom Ziele zu lassen,
nichts konnte den Willen zur Heimkehr ihm wandeln;
aus liebendem Herzen erwuchs ihm solch Stärke,
geduldig zu harren, entschlossen zu handeln!

Aeneas mußt' Troja verlassen
mit seinen Gefährten, den treuen;
sie segelten fort, in die Fremde,
ohn' Mühn und Gefahren zu scheuen.

Sie fanden auch hilfreiche Freunde
und wurden zu bleiben geladen;
doch fuhren, den Göttern gehorchend,
sie weiter, zu fernen Gestaden.

Und waren verzagt die Gefährten,
Aeneas sprach: „Habt Vertrauen!
Die Götter, die solches Geschick uns bereiten,
sie werden uns sicher ans Ziel auch geleiten;
wir werden die Stadt neu erbauen!"

Hoch am Himmel kreist der Adler,
späht nach Beute in die Fern';
in den Lüften ist er König,
nah der Erd' weilt er nicht gern.

Auf der Weide grasen Kühe,
ruhig, kraftvoll, erdenschwer;
was sie von der Erd' empfangen,
schenken sie verwandelt her.

Bis in Himmelsweiten reichen
Menschendenken und -verstehen;
kraftvoll schaffen wir auf Erden,
die wir festen Schritts begehen.

Hohes Ziel im Blick behalten,
tätig sein mit Erdendingen –
beides will aus fühlndem Herzen
ich ins Gleichgewicht stets bringen!

Hoch im weiten Himmelsraume
seh' ich stolz den Adler schweben,
kühnen Blicks nach Beute spähen;
frei wie er möcht' gern ich leben.

Gerne sehe ich den Kühen
auf der grünen Wiese zu,
wie sie weiden, wiederkäuen,
ganz beständig und in Ruh'.

Frei und kühn soll sein mein Denken;
doch nur durch beständ'ges Mühen
kann aus Plänen und Ideen
segensvolles Werk erblühen!

Adler sieht man selten nur
nah am Boden sich bewegen;
in den Lüften ist ihr Reich,
wo in kühnem Flug sie schweben.

Kühe auf der Weide spähn nicht
scharfen Blickes in die Ferne,
grasen friedlich und beharrlich,
ruhen wiederkäuend gerne.

Keinen Löwen wird man finden,
der sich grasend nähren kann;
Löwen sind beherzte Jäger,
greifen furchtlos springend an.

Menschen können ihrem Mühen
mutvoll kühne Ziele geben –
wohl bedacht, beherzt, beharrlich
sei mein Handeln, all mein Streben!

Adler, hoch in Himmelsweiten,
die auf leichten Schwingen schweben,
spähen scharfen Blicks nach Beute;
davon ist erfüllt ihr Leben.

Kühe, ruhig und bedächtig,
sind dem Grasen hingegeben;
Erdengaben zu verwandeln,
davon ist erfüllt ihr Leben.

Löwen springen kühn und kraftvoll,
wenn sie sich auf Jagd begeben,
lagern dann auch ganz in Ruhe;
davon ist erfüllt ihr Leben.

Hohe Ziele zu bedenken,
stetig schaffend zu erstreben,
mutvoll Mühen anzugehen,
fernes Ziel dabei zu sehen
ist uns Menschen nur gegeben!

Ein Lachs, ganz klein noch und quicklebendig,
schwimmt im Gebirgsbach vergnügt und munter,
läßt treiben vom Bach sich, gelangt mit der Strömung
zum Fluß, in das Tal, in die Ebne hinunter.

Der Fluß trägt ins Meer ihn; dort wächst er heran,
durchstreift des Atlantiks Weite und Tiefe;
doch nach ein paar Jahren verspürt er ein Drängen,
als ob der Gebirgsbach, der ferne, ihn riefe.

Er macht auf den Weg sich, schwimmt unermüdlich,
flußaufwärts, entgegen den Strömungen immer;
die Fluten durcheilt er in prächtigem Kleide
mit vielfarbig blitzendem, silbrigem Schimmer.

Indem er voll Kraft in die Höhe sich schnellt,
bewältigt er kühn selbst die Wasserfälle;
kein Hindernis kann ihn vom Ziel halten fern,
vom Bach im Gebirge, ganz nah bei der Quelle.

Der kleine Lachs schwimmt in dem Bach
vergnügt und munter hin und her;
er läßt sich treiben und gelangt
vom Bach zum Fluß, vom Fluß ins Meer.

Er lernt des Meeres Weiten kennen,
er wächst heran, wird stark und groß;
doch läßt der Drang zurück zum Bach,
dem er entstammt, ihn nicht mehr los.

Er schwimmt nun flußaufwärts, entgegen der Strömung,
den Weg zum Gebirgsbach, dem fernen, zu finden,
und zielstrebig-kraftvoll durcheilt er das Wasser;
kein Hindernis schreckt ihn, er wird's überwinden.

Am Wasserfall schnellt er sich kühn in die Höhe,
dann taucht er ins sprudelnde Naß wieder ein,
schwimmt weiter, zum Ziele, zum Bach im Gebirge,
zum quellnahen Wasser, kristallklar und rein!

Unbeschwert, mühelos gleitet * der Albatros über den Wogen,
segelt auf mächtigen Schwingen * kraftvoll und kühn selbst im Sturme;
wo der Ozean endlos * fern aller Küsten sich breitet,
dort ist sein Reich, dort schweift er * frei auf den Meeren umher.

Einmal im Jahr jedoch streben * die Meeresvögel, die freien,
zu felsigem Eiland und bauen * auf festem Grund ihre Nester,
bebrüten die Eier, beschützen * und füttern die Jungen beständig,
bis diese flügge geworden * und fort in die Weite sich wagen.
(Angeregt durch einen Spruch von Roswitha Alexa)

Der Löwenzahn

Aus dem dunklen Erdreich * sprießen rasch und kraftvoll
die gezähnten Blätter * hin zur Frühlingssonne.
In der Blätter Mitte * bilden bald sich Knospen,
wachsen in der Wärme, * öffnen sich dem Lichte.

Sieh die vielen Blütchen * auf dem Blütenboden,
jede schlicht und einfach, * doch wie sie gemeinsam
eine Blume bilden, * wunderbar gestaltet,
die, der Sonne gleichend, * leuchtend gelb erstrahlt!

Der Löwenzahn

Löwenzahn, so kraftvoll * leuchtend gelb erblühend,
hält nach einer Weile * seine Blütenkelche
wieder fest geschlossen; * alle Kräfte sammelnd,
läßt er im Verborgnen * zahllos Samen reifen.

Wenn der Kelch sich schließlich * dann aufs neue öffnet,
sieh die hauchzart-feinen * Sterne, silbrig schimmernd,
wie aus Licht gestaltet, * eine Kugel bildend,
doch nach kurzer Zeit schon * fortgeweht vom Winde.

Fortgeweht vom Winde, * dann im Erdreich ruhend,
kann nun jedes winzig- * kleine Samenkörnchen
eine Pflanze bilden, * starke, tiefe Wurzeln,
kräftig-grüne Blätter, * leuchtend gelbe Blüten!

Als im Erdenreich der Same
spürt die warme Frühlingssonne,
da beginnt er, sich zu regen,
reckt und streckt sich voller Wonne.

Wurzeln senkt er fest ins Erdreich,
und ein Keim die Schal' durchbricht,
dringt durchs Dunkel unbeirrbar,
wächst nach oben hin, zum Licht.

Bald entfaltet er im Lichte
Blättchen, klein noch, kaum zu sehn;
Blatt um Blatt wird er nun wachsen,
wird als mächt'ger Baum einst stehn.

Pflanzen wachsen immer lichtwärts,
ganz von selber und im Stillen –
Dunkelheit zu überwinden,
Lichtes in mir selbst zu finden,
streb' ich froh, mit festem Willen!

Schmetterling und Heckenrose

Ein Schmetterling, eben der Puppe entschlüpft,
entfaltet die Flügel in sonniger Luft,
sieht Rosen, am Strauche aus Knospen erblüht,
erfreut sich an ihnen, am lieblichen Duft.

„Ihr Schwestern", so läßt sich der Falter vernehmen,
„seid fest an die Erde gefesselt, ihr Armen,
könnt niemals von Blume zu Blume fliegen,
nie schwerelos tanzen im Winde, im warmen!"

„Wir sind nicht gefesselt", spricht eine der Blüten,
„wir sind mit dem Erdreich durch Wurzeln verbunden;
und wenn wir einst welken, im Winde verwehen,
dann werden durch Erdenkraft Früchte entstehen –
dann haben wir unsre Erfüllung gefunden!"

Tulpe und Heckenrose

Wenn Tulpen schon prachtvoll erblüht sind im Frühling,
sieht Grün man aus holzigem Strauch sich entfalten
und Blätter, die kräftig im Sonnenlicht sprießen,
zu fein gefiederter Form sich gestalten.

Die Tulpen verblühen, dann welken die Blätter. –
Am Strauch wachsen Knospen in wärmender Luft;
was sorgsam im Innern gebildet, wird sichtbar,
es öffnen sich Rosen mit lieblichem Duft.

Und während die Tulpen im Herbst, in der Erde,
die Kraft für sich selber im Dunkeln bewahren,
da reifen an Zweigen die Früchte, rot-leuchtend,
Empfangenes schenkend zu offenbaren!

Die Heckenrose

Aus holzigen Zweigen, da sprießt es im Frühling,
im frischen Winde, im hellen Licht;
es formen sich fein gefiederte Blätter;
der Strauch ist bald eingehüllt, grün und dicht.

Aus Knospen, erst grün noch, dann rötlich schon schimmernd
in sommerlich sonnendurchwärmter Luft,
entfalten sich zarte, rosige Blüten,
verströmen so wunderbar-lieblichen Duft.

Im Herbst reifen Früchte, die später im Jahre,
wenn Sträucher stehn winterlich kahl und erstarrt,
in leuchtendem Rot an den Zweigen noch hängen;
in ihnen ist Sonnen- und Erdkraft bewahrt!

Die Heckenrose

Sieh, wie am Strauche so ausgewogen
Erden- und Himmelskraft formend sich zeigen;
Zweige, verholzend, doch biegsam bleibend,
wachsen empor, um dann sanft sich zu neigen.

Sieh an den Zweigen aus winzigen Knospen
sprießend und grünend sich Blätter entfalten,
wie sich, umspielt von dem Winde, vom Lichte,
fein gefiederte Formen gestalten.

Sieh, wie in sonnendurchwärmter Luft
Rosen so wunderbar duftend erblühen,
wie schließlich Früchte sich runden und reifen,
in leuchtendem Rot schier erglühen!

Im Herbst, wenn es kühl wird, da welken die Blätter,
der Apfelbaum steht schließlich kahl und erstarrt;
doch hat er in mächtigen Wurzeln im Erdreich
vor Kälte und Frost seine Kraft gut bewahrt.

In Knospen sind winzig gebildet schon Blätter
und Blüten, geborgen vor eisigem Wind,
bis endlich im Frühling, in wärmender Sonne,
die Knospen sich öffnen, ein Sprießen beginnt!

Der Baum steht nun eingehüllt, schmuckvoll gekleidet,
mit grünen und duftig erblühenden Zweigen;
bald werden, voll reifer, rotglänzender Äpfel,
die Äste zur Erntezeit schenkend sich neigen!

Der Apfelbaum hat seine starken Wurzeln
gesenkt in das Erdreich, das dunkle, das feste;
durch Erdenkraft sind in die Höhe gewachsen
der mächtige Stamm, sich verzweigende Äste.

Im Winter sind blattlos des Apfelbaums Zweige,
bei Kälte und Frost steht er kahl und erstarrt;
doch sind in den Knospen, ganz winzig gebildet,
schon Blätter und Blüten verborgen bewahrt.

Im Frühling, im strahlenden Sonnenlicht,
da öffnen die zahllosen Knospen sich weit;
es sprießt und es grünt, es schmückt sich der Baum
mit zartem und duftigem Blütenkleid.

Im Sommer, da sammeln sich Sonnen- und Erdkraft
in Früchten, erst grün noch und klein an den Zweigen,
bis Äste, so schwer von rotglänzenden Äpfeln,
zur Herbstzeit, zur Erntezeit schenkend sich neigen!

Eine stachlig-feste Kapsel
hat gebildet sich als Hülle,
unter der geschützt-verborgen
wachsen kann der Blüte Fülle.

Doch an einer Stelle sieht man
Blütenrot hervor schon schimmern,
und man ahnt, welch wunderbare
zarte Knospe ruht im Innern.

Bald wird in der Sonne Wärme
sich die Hülle öffnen ganz;
leuchtend wird der Mohn erblühn
in freudig-rotem Glanz!

Die Akelei zog sich zurück
in Wurzeln, in das Erdreich tief,
wo sie, bewahrend ihre Kraft,
zur Winterzeit geborgen schlief.

Im Frühjahr begann aus der Erd' sie zu sprießen,
wuchs unbeirrt lichtwärts, der Sonne entgegen;
es bildeten Blätter sich, fein geformte,
man sah sie im Winde sich sachte bewegen.

Doch siehe, wie oben am Stengel die Blätter
sich immer kleiner und schmaler gestalten –
die Pflanze bewahrt ihre Kraft für die Knospe;
bald wird sich die Blüte zartfarbig entfalten!

Aufrecht harrend sieht man Tannen
ernst und still am Berghang stehen,
leise rauschen nur die Zweige
durch des Windes sachtes Wehen.

Starke Wurzeln, tief im Erdreich,
können Halt und Kraft wohl geben;
mächt'ge Stämme, kerzengrade,
sieht zu Sternen hoch man streben.

Zweige, dicht benadelt, bilden
dunkelgrünes, schlichtes Kleid,
das die Tannen schmückt im Sommer
und zur kalten Winterzeit.

Ganz in sich zurückgezogen
wirkt des Tannenbaums Gestalt;
doch voll Dank sollt' man bedenken,
wie die Tannen uns beschenken:
mit dem wunderbaren Wald!

Die Talwiesen freudig durchwandernd,
seh' Blumen ich tausendfach blühn,
seh' mächtige Ahornbäume
im Blätterkleid, frühlingshaft grün.

Im Fichtenwald geh' nun bergan ich
– welch Stille in kühl-dunklem Schatten! –,
gelange ins Sonnenlicht wieder
und wandre auf karg-grünen Matten.

Der Pfad führt mich höher; ich sehe
kein Gras, das sich hier noch erhält,
Geröll nur und Schnee zwischen Felsen –
welch kahle und reglose Welt!

Doch dann gewahre ich Flechten,
fest haftend am Felsgestein hart –
welch Wunder, wie selbst hier droben
Leben sich kraftvoll bewahrt!

Hoch im Gebirge, wo Felsen sich türmen,
wo Bäche kristallklar ins Tal hinab fließen,
wo niedrige Kiefern dem Winde sich beugen,
wo Gräser und Moose nur spärlich noch sprießen,
da steht eine Arve; mit mächtigen Zweigen,
mit kräftigem Stamme ragt hoch sie empor,
ist langsam-beständig gewachsen, seit einstmals
als Keimling sie kam aus der Erde hervor.

Da steht sie, die hundertjährige Arve,
wiegt sacht sich im Wind, doch dem Sturm trotzt sie stolz;
kein Sturm könnt' die Wurzeln dem Boden entreißen,
könnt' brechen das feste Arvenholz.
Der Boden ist karger als drunten im Tale,
und Unwetter sieht man hier heftiger toben;
doch leuchten die Sterne am nächtlichen Himmel
so hell und so klar im Gebirg' nur hoch droben!

Hoch droben im Gebirge,
wo scharf die Winde wehn,
da kann man auf dem steinigen Boden
Glockenblumen sehn.

Welch Wunder, daß solch Blumen
mit ihrem lichten Blau
hier wachsen in dem grauen Fels,
der Einöd' karg und rauh.

Sieh, wie sich freudig öffnen
die glockengleichen Blüten,
die dabei doch ihr Inneres
auch schützen und behüten.

Die Blume, zart und zierlich,
die sacht im Wind sich neigt,
hält Stürmen stand, bleibt ungeknickt –
wie stark sie sich da zeigt!

Hoch droben im Gebirge,
da ist es rauh und karg;
doch ist der Himmel tiefer blau
und Sterne leuchten heller, schau;
so wurd' die Blume stark!

Der Rhein floß gemächlich im flachen Bett,
konnt' mühlos den Weg durch die Ebene finden,
konnt' ganz nach Belieben verändern den Lauf;
man sah ihn mal hierhin, mal dorthin sich winden.

Doch als sich Gebirg' ihm entgegenstellte,
da grub in das Felsengestein er sich tief;
und kraftvoll und unbeirrt sah man ihn streben,
in stetigem Strömen dem Ziele entgegen:
zum Meer, das von ferne ihn rief!

Im Felsengebirge, in einsamer Höhe,
wo Blumen und Gräser nur spärlich noch sprießen,
wo Eis und Schnee selbst im Sommer nicht weichen,
da sieht aus dem Quellsee ein Bächlein man fließen.

Als reißender Wildbach stürzt er zu Tal,
wo er, dem Bruder vereint, wird zum Rhein,
der rastlos und ungestüm vorwärts nun eilt,
bis er in den Bodensee mündet ein.

Der Fluß gibt ganz dem See sich hin,
bleibt doch er selbst und strömt in Ruh'
zum andern End' des großen Sees
und weiter seinem Ziele zu.

Stark geworden durch die Flüsse,
die nun zahlreich zu ihm fließen,
dringt er gar durch Felsenwände,
kann als mächt'ger Strom am Ende
sich ins weite Meer ergießen.

Als Bächlein, dem Gletscher hoch droben entsprungen,
beginnt seinen Weg der junge Rhein;
als Wildbach stürzt rauschend und schäumend er talwärts,
grub Schluchten sich tief in das Felsengestein.

Im Tale vereinigt er sich mit dem Bruder;
wie ungestüm-heftig dahin er nun fließt!
Reißt Sand und Geröll in sich trübende Fluten,
bis er in den großen See sich ergießt.

Er fließt gemach nun durch den See,
fließt unbeirrt von Ost nach West,
bis er den See am andern End'
geklärt und frisch gestärkt verläßt.

Reich beschenkt von Nebenflüssen
strömt er kraftvoll und in Ruh',
sich durch weite Ebnen windend,
durchs Gebirg' den Weg auch findend
seinem Ziel, dem Meere zu!

Der Kiesel, so wunderbar glatt und gerundet,
entstand ja aus kantigem, spitzen Gestein;
den harten Fels so vollendet zu formen,
wer mag dafür kräftig und stark genug sein?

Das Wasser, das weiche, das nachgiebig-sanfte,
hat stetig fließend am Steine geschafft;
nicht heftige Hast, geduldige Sanftmut
verleiht dem Wasser solch machtvolle Kraft!

7. Klasse

Städte erblühten in Hellas, ∗ jede ein eigener Staat,
durch unwegsame Gebirge ∗ voneinander getrennt.
Unter den Städten entbrannten ∗ Kämpfe und Streitigkeiten;
Nachbarn bekriegten sich heftig, ∗ die Vorherrschaft zu erzwingen.
Doch als das Perserheer nahte ∗ und drohte, ganz Hellas zu knechten,
da stellten die Griechen gemeinsam ∗ dem mächtigen Feind sich entgegen;
entschlossen, die Freiheit zu schützen, ∗ kämpften sie Schulter an Schulter,
errangen den Sieg am Ende, ∗ bewahrten die kostbare Freiheit!

Unübersehbar groß ∗ war das persische Heer;
zahllose Söldner aus allen ∗ Völkern des persischen Reiches
kämpften des Soldes wegen, ∗ dienten dem fremden Herrscher.
Über die Meeresenge ∗ führte Xerxes die Truppen,
Griechenland zu erobern, ∗ die Griechen zu unterjochen.
Dem übermächtigen Feinde ∗ stellten sich mutvoll entgegen
Athener, Spartaner, Platäer, ∗ die Bürger der griechischen Städte.
Unbeugsam, beseelt von dem Willen, ∗ gemeinsam die Freiheit zu
    schützen,
erkämpften beherzt sie den Sieg, ∗ bewahrten für Hellas die Freiheit!

Wenn sich Olympias Haine * nach vier Jahren der Stille
wieder mit Leben erfüllen, * heiliges Feuer hell lodernd
olympischen Frieden kündet, * dann sammeln sich um den Altar
Athleten aus Sparta, Athen, * aus allen griechischen Städten,
und schwören, die heil'gen Gesetze * Olympias allzeit zu achten.
Zurück blieben Feindschaft und Zwiste, * die zwischen den Städten ge-
    herrscht,
ein jeder nach Kräften bestrebt, * im Wettstreit sein Bestes zu geben,
und alle geeint durch den Willen, * gemeinsam den Göttern zu dienen!

Wieder zum Leben erwacht
sind die olympischen Haine,
hoch zum Himmel empor lodert das heilige Feuer.
Und die Wettkämpfer alle,
Kreter, Spartaner, Athener,
sammeln sich um den Altar, Opfer den Göttern zu weihen.
Himmelwärts steigt mit der Flamme
freudiger Schwur der Athleten:
„Stets, den Göttern zur Ehre, werd' ich mein Bestes geben!"

Philipp, dem Makedonier, * brachte ein Pferd man, ein edles,
feurig und unbändig kraftvoll, * unbezähmt noch und wild.
Alle die Höflinge drängten * sich vor, ihre Reitkunst zu zeigen;
doch Buképhalos scheute; * bändigen konnte ihn keiner.

Ruhig das Treiben beschauend, * stand Alexander beiseite,
sah, daß Buképhalos schreckte * vor seinem eigenen Schatten.
Schließlich ergriff er die Zügel, * führte das Pferd aus der Sonne.
Frohgemut ritt er davon; * Buképhalos war nun sein eigen!

Mit seinem treuen Soldaten * zog Alexander hinaus;
bis an die fernsten Grenzen * wollte ein Weltreich er gründen.
Selbst nicht die mächtigsten Heere * konnten den Weg ihm verwehren;
kühn und entschlossen stets kämpfend, * schlug in die Flucht er die Feinde.
Keine Entbehrungen fürchtend, * Wüsten, Gebirge durchquerend,
drängte er weiter und weiter, * bis seinen Truppen zuliebe
er doch am Ende mußt' umkehrn, * sich zu beschränken mußt' lernen.
Hat nicht erst da Alexander * den größten der Siege errungen?

Zielstrebig ritt Alexander * stets an der Spitze des Heeres,
wollt' bis zu fernsten Grenzen * Länder und Reiche erobern.
Kühn und entschlossen bezwang er * manch feindliche Übermacht.
Wüsten, Gebirg' überquerend, * erreichte er Indien schließlich.
Erst jedoch, als er lernte, * sich selbst zu beherrschen, zu zügeln,
errang Alexander der Große * den glanzvollsten Sieg sich am Ende.

Mächtige Wälder der Urzeit,
Sonnenkraft in sich bewahrend,
versanken in Sümpfen, im Meer,
wo Schlamm sich über sie deckte.

Jahrtausende gingen vorüber;
der Meergrund wuchs Schicht um Schicht.
Sich hebend verdrängt' er das Wasser
und wurde zu festem Gestein.

Und tief im Innern der Erde,
wo Wärme und Druck machtvoll wirkten,
da wurd', was im Lichte einst grünte,
verfestigt, gepreßt und verwandelt
zu steinharter, schwarzer Kohle.

Die Kohle lag lang in Gesteinen,
bis schließlich, zutage gefördert,
in glutheißem Feuer verbrennend,
den Menschen sie Sonnenkraft schenkt!

Wenn im Frühjahrslichte
Bäume neu ergrünen,
farbig blühend, duftend
sich der Sonne öffnen,
stehn im Wald die Fichten
ganz in sich verschlossen
in dem immer gleichen
grünen Nadelkleide,
nur in manchen Jahren
schlichte Blüten bildend.
Doch der Duft, der würzig
von dem Harz, den Nadeln
fein verströmend ausgeht,
läßt die Lichtkraft ahnen,
die der Baum verborgen
kraftvoll-still bewahrt!

Fichten stehn im Walde
ganz in sich verharrend,
aufrecht, hoch gewachsen,
wie zu Sternen strebend,
doch dem Licht, der Wärme
wenig nur sich öffnend
in dem Nadelkleide,
unscheinbar erblühend
nur in manchen Jahren,
so, als sei die Lichtkraft,
von der Sonn' empfangen,
fest gebannt im Holze.

Wenn aus Fichtenscheiten
Feuer wird entzündet,
siehe dann die Flamme
leuchtend hell erblühen!

Der Huflattich

Kräftig wachsen Blätter
in des Sommers Wärme,
doch die Blüten bleiben,
in der Knospenhülle
winzig-klein gebildet,
in der Erd' verborgen,
bis im Frühling schließlich
aus dem Erdendunkel
hoch zum Licht die Knospen
rasch und kraftvoll wachsen,
öffnen sich, entfalten,
was sie lang bewahrten:
gelbe Blütenkörbchen,
kleinen Sonnen gleichend!

Sonnenlicht und -wärme
lassen Blumen duftend,
farbenfroh erblühen;
in den Blüten bildet
sich der süße Nektar,
den die Bienen emsig
sammeln und verwandeln;
Honig, reiche Speise,
nährt die Bienen kraftvoll,
die in ihrem Leibe
Wachs für Waben bilden,
Wachs, das von uns Menschen
wird geformt zu Kerzen,
Kerzen, die mit sanfter
Flamme duftend brennen,
warmes Licht uns schenken!

Auf wunderbare Weise
wächst der Getreidehalm:
Strebt aufrecht hin zum Licht,
hält dann die Kraft zurück;
ein Knoten, dicht und fest,
entsteht, von dem aus nun
der Halm erneut sich reckt.

Sich sammelnd und sich streckend,
gehalten und gelöst,
so wächst der Halm empor,
so kann er gar am End'
die Ähre tragen auch,
die reife Frucht, das Korn!

Korn, im Herbst gesät,
gibt der Erd' sich hin,
keimt und sprießt und grünt,
ruht zur Winterzeit.

In des Frühlings Licht
wächst mit neuer Kraft
schlanker Halm empor,
stark, doch niemals starr,
fest, doch biegsam auch;
Blätter bilden sich,
schmal und schlicht geformt.

Sonnenwärme läßt
Ähren wachsen, die
unscheinbar erblühn,
bis im Sommer reift
reiche Frucht, das Korn!

Kraftvoll wächst der Halm,
strebt zum Licht empor,
trägt die Ährenlast,
trägt das reife Korn.
Stark und fest gebaut
steht er, doch nicht starr,
neiget sich im Wind,
biegsam gibt er nach;
so hält stand er, bleibt
aufrecht, ungeknickt,
der Getreidehalm!

Ich schau' in Ruhe die Kastanie an;
sie liegt in meiner Hand, des Baumes Frucht,
die Schale glatt und fest, braun-rötlich schimmernd –
was sich in ihrem Innern wohl verbirgt?
Dies zu erfahrn, zerteile ich sie nicht;
ich stell' mir vor, wie sie im Boden keimt,
wie sie ins Erdreich feste Wurzeln senkt
und wie ein Sproß dem Licht entgegen strebt,
wie Blätter grünen, Zweige sich entfalten.
Ein zartes Bäumchen seh' ich vor mir stehn,
seh', wie es kräftig wachsend, Jahr um Jahr,
zu einem mächt'gen Baume schließlich wird,
der jedes Jahr aufs neue grünt und blüht
und zahllose Kastanien reifen läßt. –
Welch Wunder birgt die Frucht in meiner Hand!

Eine Kastanie in meiner Hand:
rundlich, die Schale glatt und fest,
rötlich-braun schimmernd –
was sich im Innern wohl verbirgt?
Dies zu erfahren,
zerteile ich die Kastanie nicht;
ich stelle mir vor,
wie sie im Erdreich keimt und Wurzeln schlägt,
wie ein Sproß kraftvoll in die Höhe wächst,
wie Blätter und Zweige sich bilden;
ein Bäumchen sehe ich vor mir,
seh' es Jahr um Jahr wachsen,
zu einem mächtigen Baum werden,
der jedes Jahr aufs neue grünt und blüht
und zahllose Kastanien reifen läßt. –
Welch Wunder birgt die Kastanie in meiner Hand!

Der weiße Flaum, der durch die Luft geschwebt,
von weither durch den Wind herbeigetragen,
er landet schließlich sacht auf meiner Hand.
Und das Gebilde, weich und federleicht,
in Ruh' betrachtend seh' ich eingebettet
darinnen winzig-kleine Samenkörnchen.
Ich stell' mir vor, wie solch ein Samenkorn
im dunklen Erdreich keimt und Wurzeln treibt;
ein Sproß strebt lichtwärts, bildet Blätter, Zweige,
wird bald ein Bäumchen, wächst nun Jahr um Jahr,
bis schließlich sich mit kerzengeradem Stamm
die Pappel mächtig in die Höhe reckt,
die jedes Jahr aufs neue grünt und blüht
und Samen reifen läßt, in weißen Flaum
gehüllt, und sie dem Winde anvertraut,
der sie verweht, bis sie zur Erde gleiten. –
Welch Wunder birgt solch winzig' Samenkorn!

Weißer Flaum schwebt durch die Luft
und landet sacht auf meiner Hand.
Ich betrachte das weiche, federleichte Gebilde
und sehe, darinnen eingebettet,
winzig-kleine Samenkörnchen.
Ich stelle mir vor,
wie ein solches Samenkorn im Erdreich keimt;
ein Sproß strebt kraftvoll empor,
bildet Blätter und Zweige,
wird zu einem Bäumchen,
Jahr um Jahr wachsend,
bis sich schließlich ein mächtiger Baum
mit kräftigem, kerzengeradem Stamm
in die Höhe reckt,
eine Pappel,
die jedes Jahr aufs neue grünt und blüht,
die Samen reifen läßt
und sie, in weißen Flaum gehüllt,
dem Winde anvertraut. –
Welch Wunder
birgt solch unscheinbares Samenkorn!

Ich steh' vor einem winterlichen Baum;
wie wirkt er gänzlich leblos und erstarrt
und kahl mit seinen blätterlosen Zweigen;
nur unscheinbare Knospen blieben ihm.
„Nur" Knospen?
Ich stelle mir den Baum im Frühling vor,
wie sich in warmer Luft die Knospen öffnen,
wie in der Frühlingssonne Blätter grünen,
zartfarbige Blüten duftend sich entfalten,
die winzig-klein gebildet lange schon
in Knospen wohl geschützt verborgen waren.
Ich schaue auf den winterlichen Baum –
ein wahrhaft wunderbar-lebendiges Bild!

Ein Baum im Winter,
wie steht er leblos und erstarrt,
wie kahl wirkt er
mit seinen blattlosen Zweigen,
denen nichts als unscheinbare Knospen geblieben sind.
Nichts als Knospen?
Ich stelle mir vor,
wie sich die Knospen in der warmen Frühlingssonne öffnen,
wie grüne Blätter und zartfarbige, duftende Blüten sich entfalten,
Blätter und Blüten, die winzig-klein gebildet
lang schon in den Knospen verborgen waren. –
Ein Baum im Winter,
welch wunderbar-lebendiges Bild!

Welch Wunder, wenn die Knospe sich entfaltet,
wenn eine Rosenblüte, zartrot schimmernd,
sich in dem Sonnenlichte freudig öffnet
und in vollkommner Schönheit offenbart! –
So wunderbar gestaltet möge sich
entfalten, was in meiner Seele lebt,
so reich wie jene Rose dort erblühn!

Ich stehe auf des mächt'gen Berges Gipfel,
der pyramidenförmig sich erhebend
die andren Berge ringsum überragt;
und unter mir der harte Felsengrund,
vielfarbig glitzernd in der Sonne Licht,
Gestein, das aus den Erdentiefen stammt
– aus glühnder Magma einst kristallisiert –,
das schon seit ältester Erdenzeit besteht
und allen Wandel überdauert hat,
in unerschütterlicher Ruh' verharrend. –
Mit Ehrfurcht blick' ich auf den Felsengrund,
auf den Granit, „das Höchste und das Tiefste!"

Am Ostseeufer gehe ich spazieren,
betracht' die Steine, die verstreut dort liegen,
nur faustgroß manche, andre tonnenschwer;
welch farbige Vielfalt, rötlich, schwarz und grün,
durchsetzt von Glimmer, der im Lichte glitzert.

Ich stell' mir vor, wie einst die Eiszeitgletscher
herbeibewegten das Granitgestein
von Skandinaviens Gebirgen her,
wo es seit ältester Erdenzeit geruht
– aus glühnder Magma einst kristallisiert –
und allen Wandel überdauert hat. –
Mit andren Augen seh' ich den Granit:
Welch tiefe Erdgeheimnisse er birgt,
so kraftvoll-unerschütterlich und stetig in sich ruhend!

Der Kristall

In der Erdenurzeit
ließen Sternenkräfte
tief im Felsgestein
den Kristall sich bilden,
der in dunklen Tiefen
lang verborgen ruhte.

Erst jedoch nachdem
Menschenhände mühend
ihn zutage brachten,
konnt' er offenbaren
funkelnd-lichte Klarheit!

Die Druse

Die steinerne Knolle – zur Urzeit entstanden,
als flüssig und formbar noch war das Gestein –
ist außen ganz unscheinbar, Feldsteinen gleichend;
doch trügt nicht oft äußerer Schein?

Zerteilt man den Stein in zwei Hälften, dann zeigt sich,
welch Wunder bewahrt war verborgen im Dunkeln:
Im Innern des Steines, in Höhlungen sieht man
unzähl'ge Kristalle hell funkeln!

Die sieben Rittertugenden

Halte Maß in allem
Handeln und im Wort,
laß durch Leidenschaft
nie dich reißen fort!

Kämpf für rechtes Ziel,
kühn, mit starkem Mut;
Schwache nimm beherzt
stets in deine Hut!

Suche tiefren Grund
hinter äußrem Schein;
Weisheit wird am Ende
Lebensfrucht dir sein!

Urteil niemals rasch,
schlichte Zank und Streit,
kämpfe unbeirrt
für Gerechtigkeit!

Siehst in finstrer Nacht
deinen Weg du nicht,
Glaubenskraft und Hoffnung
seien dann dein Licht!

Maßvoll, mutig, weise
und gerecht zu leben,
glaubensstark und hoffend,
dahin richt dein Streben!

Doch dein Leben bliebe
sinnlos, kalt und leer,
wenn es nicht von Liebe
warm durchdrungen wär'!

(Nach einem Spruch von Helmut von Kügelgen)

Nachtwache

Die Nacht ist kühl.
Wie langsam rinnen die Minuten!
Kein Laut durchbricht die Stille.
Im kleinen Fenster der Kapelle
seh' ich eines Sterns Gefunkel.
Die Schatten, die die Kerzenflamme wirft,
sie tanzen an den Wänden, im Gewölbe.
Auf dem Altar, auf samtnem Kissen,
liegt schon das Schwert,
das morgen mir gegürtet wird,
wenn ich den Rittereid gesprochen.

Beklommen lausche ich in mich hinein,
des Worts gedenkend, das mir wurd' gegeben:
„Du selber prüfe dich,
ob du der Ritterehre würdig bist!"
Und aus des Herzens Tiefe
erwächst mir leuchtend die Gewißheit:
Das Ziel ist fern,
doch meinen Weg seh' klar ich vor mir;
ich will mit aller Kraft ihn gehn!

Ein heller Schimmer kündet, daß der Morgen naht.
Erfüllt von Freude und von Ruhe,
erwarte mutvoll ich den neuen Tag.

Nächtliche Wanderung

Zur Neige geht die Nacht.
Noch ist es dunkel.
Ich sehe kaum den Weg,
der durch die taubenetzten Wiesen führt.
Ich atme kühle Nachtesluft.
Ich lausche.
Welch Stille rings umher!
Auch in mir wird es ruhig.

Am Himmel funkeln Sterne ohne Zahl;
und wie sie dort in stiller Hoheit stetig ihre Bahnen ziehn,
sind sie mir Bild der Weltenharmonie,
die weisheitsvoll in allem webt,
im Weltenraum,
in meinem Innern.
Und aus der tiefen Stille klingen Melodien freudig in mir auf.

In Baumeswipfeln rauscht es leise.
Ein erster Vogelruf,
erst zaghaft noch, dann kraftvoll-froh,
begrüßt den neuen Tag!

Morgen

Schwarz stehn der Bäume Silhouetten
vor nächtlich-dunklem Himmel.
Ein fahler Schimmer zeigt im Osten sich am Horizont.
Die Welt gewinnt Gestalt,
doch leblos grau erscheint sie noch
im Zwielicht früher Morgendämmerung.
Der Himmel färbt sich,
zunächst türkis, dann gelb-orange;
im Blau des Himmels schwimmen Wölkchen,
wie rosa hingetupft.
Ein Hauch von zarter Farbigkeit
liegt über die Welt gebreitet.
Am Himmelsrand erglühn die Wolken purpurrot,
und leuchtend steigt die Sonne nun empor.

Ich seh' die Welt in frischem Morgenglanz,
lebendiges Spiel von Licht und Schatten,
der Farben reiche Vielfalt,
und hell wird mir mein Weg!

Ich geh' den mühsam-steilen Pfad bergan;
mein Ziel, der Gipfel, ist noch weit entfernt.
Es kommt mir vor, als sei ich endlos lang
schon unterwegs. Ich raste, blick' umher.
Dort drüben an dem Hang wächst eine Arve;
wettergegerbt reckt sie sich hoch empor,
steht hier gewiß seit vielen hundert Jahren.
Auf eine schroffe Felswand fällt mein Blick.
Die Schichten aus verschiedenfarb'gem Stein,
die sich in Falten aufgeworfen haben,
sie machen sichtbar, daß an diesem Ort
vor Jahrmillionen sich ein Meer befand,
auf dessen Grunde sich im Lauf der Zeit
aus Kalkschlamm mächt'ge Schichten abgesetzt;
und diese wurden zu Gestein gepreßt,
woraus – als sich die Erdenkruste hob
und faltete – dann dies Gebirg' entstand. –
Ich wandre weiter, ruhig und gelassen;
gewiß werd' bald schon ich mein Ziel erreichen.

Ich folge dem mühsamen, schmalen Bergpfad.
Der Gipfel, zu dem ich gelangen will,
ist immer noch nicht zu sehen;
es kommt mir vor,
als sei ich schon endlos lange unterwegs.
Ich halte inne.
Mein Blick fällt auf eine alte, wettergegerbte, hochgewachsene Arve;
sie steht hier gewiß schon seit vielen hundert Jahren.
Jenseits des unter mir liegenden Tals ragt eine Felswand steil empor.
Die verschiedenfarbigen, in Falten geworfenen Gesteinsschichten
machen sichtbar, daß sich hier einst, vor Millionen von Jahren,
ein Meer befand,
auf dessen Grund sich im Lauf der Zeit
mächtige Schichten von Kalkschlamm absetzten,
die sich zu Gestein verfestigten und aus denen –
als sich die Erdkruste hob und faltete –
dieses Gebirge entstanden ist. –
Ich gehe weiter,
mit ruhiger Gelassenheit
und mit der Zuversicht,
daß ich mein Ziel bald erreichen werde.

(Auch 8. Klasse)

Es ist Abend geworden.
Ich sitze vor der Berghütte,
die ich nach langem, mühevollem Aufstieg erreicht habe,
und blicke ins Tal hinunter,
zu den so winzig erscheinenden Häusern,
von denen aus ich den Aufstieg begonnen habe.
In der Ferne sehe ich schneebedeckte Gipfel
im Abendlicht hell noch schimmern;
zur anderen Seite hin breitet sich die Ebene aus,
am fernen Horizont in dunstige Himmelsbläue übergehend.
Welch weiter Ausblick –
und doch, ein winziger Teil nur des Erdenrunds!
Es wird dunkel.
Am Himmel funkeln schon die ersten Sterne,
ferne Sonnen,
deren Entfernung ich ehrfurchtsvoll nur ahnen kann.
Das Weltall – welch unermeßlich weiter Raum,
in dem der Erdplanet, einem winzigen Staubkorn gleich,
sich zu verlieren scheint.
Doch spüre ich vertrauensvoll,
daß noch der fernste Stern vom selben Geist durchdrungen ist
wie jene Astern, die zu meinen Füßen blühen,
und wie ich selbst.

(Auch 8. Klasse)

Nach mühevollem Aufstieg gelange ich gegen Abend
zur Berghütte hoch droben im Gebirge.
Vor der Hütte sitzend
freue ich mich an dem weiten Ausblick.
Am Horizont verglimmt das Abendrot;
die ersten Sterne funkeln am tiefblauen Abendhimmel.
Ich denke daran,
wie viele Schritte ich getan,
seit ich am Morgen die Wanderung begann,
wieviel ich während dieses Tages erlebt habe –
ein Menschentag,
für die Erde ein Atemholen nur
und in der Sternenwelt ein winziger Augenblick.
Doch spüre ich frohgemut,
wie jener fernen Sterne Bahnen
sich in die gleiche Weltenordnung fügen
wie jeder Atemzug von mir,
wie Tag und Jahr,
wie meines Lebens Lauf.
(Auch 8. Klasse)

8. Klasse

Ich stehe am Seeufer.
Der sich im Windhauch kräuselnde See glitzert im Sonnenschein;
doch nirgends findet der über die Oberfläche dahingleitende Blick Halt,
flüchtig und unbestimmt ist das Spiel der Wellen.
Der Wind legt sich.
Der See liegt nun still und ruhig da.
Und aus den Tiefen des klaren, grünblauen Wassers
schimmert des Sees Grund.

Welch lebendiger Anblick:
der blauschimmernde, vom Windhauch bewegte,
glitzernde See!
Doch flüchtig und unbestimmt ist das Spiel der Wellen,
nirgends findet der über die Oberfläche hinweggleitende Blick Halt. –
Nur wenn der See still ruht,
kann selbstlos er zum Spiegel werden,
kann er das tiefe Bild
der in der Himmelsbläue dahinziehenden Wolken empfangen.

Ich stehe am Seeufer.
Es ist Abend geworden.
Am dunkelnden Himmel funkeln die ersten Sterne,
der Mond leuchtet in mildem Licht.
Ein leichter Wind kräuselt die Oberfläche des Sees.
Im Wasser spiegelt sich der Himmel,
doch flüchtig und unbestimmt;
hier und da blitzt Sternenglanz kurz auf,
und das Spiegelbild des Mondes zerrinnt im Spiel der Wellen.
Der Wind legt sich,
der See liegt still und ruhig nun da.
Ich sehe das wunderbar klare Bild des Mondes,
des sternenübersäten Himmelsgewölbes
aus der Tiefe des Sees heraufleuchten.

Im dunklen, glattgeschliffnen, runden Stein
ist eingebettet, viele Millionen Jahre alt,
ein Ammonit – welch wunderbar geschwungene,
spiralig aus der Mitte sich entwickelnde Gestalt;
wie Kammer sich an Kammer hat gebildet,
aus winzigem Anfang sich die Form gestaltet
und Neues immerfort an das Entstandene sich fügt,
gibt sie ein Bild, wie sich des Menschen Lebenslauf entfaltet,
ein Bild des Wechselspiels von fester Form und Fortbewegung,
von dem Bewahrten, das Struktur und Halt kann geben,
und von dem Werdenden, aus dem sich wachsend, weitend,
sich Neuem öffnend fortentwickelt *Leben!*

Das Sonnenlicht, das durch die Linse dringt,
verdichtet sich in einem einzigen Punkt,
und dort, wohin die Lichtkraft all gerichtet ist,
kann sich ein Feuer gar entzünden.

Richte ich alle meine Kräfte
besonnen, aus ganzem Herzen strebend,
auf ein Ziel,
kann sich wirkungsreiche Tat
entzünden!

Die Kerzenflamme,
wie unscheinbar ist sie bei grellem Lampenlicht;
doch wird sie in einem dunklen Raum entzündet,
wie hell erstrahlt sie dann,
durchdringt die Dunkelheit
mit ihrem warm-lebendigen Schein.

Das Lied der Amsel,
im hundertfachen Lärm der Stadt ist es mit Mühe nur zu hören;
doch wie klar erklingen ihre Melodien
in des Waldes Stille!

Licht leuchtet in der Dunkelheit,
nur in der Stille entfaltet sich des Klanges Fülle;
und nur in ruhigem Sich-Besinnen
kann ein Gedanke kraftvoll-klar sich bilden.

Welch Wunder,
wie eine Saite, von keines Menschen Hand berührt,
erklingen kann, wenn sie gleichgestimmt ist
einer zweiten, tönenden Saite,
deren Schwingungen sie aufnimmt.

Welch Wunder,
wie ich in mir empfinden kann
die in sich ruhende Geformtheit eines Kristalls,
das Rauschen des Winds in den Bäumen,
das jubelnde Lied einer Lerche hoch in den Lüften,
die Sprache eines anderen Menschen,
in der sich sein Eigenwesen offenbart –
wie alles dies in meiner Seele erklingt!

Die straffgespannte Saite schwingt,
erklingt mit vollem Ton,
und eine zweite, gleichgestimmte
– welch Wunder –
beginnt nun, wie von selbst zu schwingen und zu tönen.

Der Mensch kann äußern,
was ihn bewegt in seinem Innern,
kann dadurch in der gleichgestimmten Seele eines anderen Menschen
etwas reich zum Klingen bringen.

Welch Bild der Untätigkeit:
Eine Muschel, graubraun, hartschalig,
die scheinbar reglos auf dem Meeresgrund liegend,
nur die Schalen hin und wieder ein wenig öffnend und schließend
vom Meereswasser durchströmt wird.
Doch siehe im Innern der Schalen
das vielfarbig schimmernde Perlmutt,
das die Muschel dort gebildet hat,
als hätte sie aus dem, was sie erlebt,
was sie empfindsam aufgenommen hat,
dem stetigen, sanften Fließen der Meeresströmungen,
solch zauberhaften Farbenglanz gebildet. –
Welch wunderbar-lebendige Regsamkeit
entfaltet die Muschel in ihrem Innern!

Am Strand spazierengehend,
sehe ich etwas vielfarbig Schimmerndes im Sonnenlicht aufblitzen:
Eine Muschelschale liegt im Sand.
Ich hebe sie auf und schaue sie mir aus der Nähe an,
freue mich an dem in allen Regenbogenfarben schillernden Perlmutt.
Ich stelle mir vor,
wie eine solche Muschel auf dem Meeresgrund liegt,
scheinbar reglos,
nach außen hin ganz abgeschlossen mit ihrer harten Schale,
doch in ihrem Innern empfindsam
das vom Meereswasser Durchströmtwerden erlebend;
und es erscheint mir wie ein wunderbares Geheimnis,
wie sie solch zauberhaften Farbenglanz bilden kann.

Kap Bojador
an der Westküste Afrikas
galt von jeher den Seeleuten
als unüberwindbare Grenze am Rand der Erdenscheibe,
Grenze zum grauenvoll-dunklen Unbekannten.
Jahr um Jahr schickte Heinrich der Seefahrer
von Portugal aus Schiffe nach Süden,
zu erkunden, was sich jenseits des Kaps befinde;
doch kehrten sie alle unverrichteter Dinge zurück:
„Wären wir weitergesegelt,
so hätte der Abgrund uns verschlungen!"
Es war Gil Eanes, der als erster die Barriere überwand,
der Furcht und Aberglauben besiegte;
unbeirrbar-kühn umsegelte er mit seinen Schiffen
die gefahrvollen Klippen,
drang nach Süden ins Unbekannte vor.
So wurde er Wegbereiter für jene,
die nach ihm die Küsten Afrikas erforschten,
die weiter und weiter segelten,
bis Indien, das ferne Ziel,
schließlich war erreicht.

Wagemutige Männer,
die zu Beginn der Neuzeit
jenseits der Grenzen der bekannten Welt vordrangen –
wer denkt dabei nicht an Christoph Kolumbus,
an Vasco da Gama und Magellan,
jene furchtlosen Seefahrer,
die auf den Weltmeeren segelnd,
neue Seewege und Kontinente entdeckten.
Doch waren Kopernikus, Kepler und Galilei,
jene Astronomen, die mit kühnem Denken
den Lauf der Gestirne, die Tiefen des Weltalls erforschten,
die unerschrocken
neue, damals als ketzerisch geltende Wege des Denkens wiesen,
nicht ebenso wagemutige Erforscher des Unbekannten?

Mutig und furchtlos
waren zweifellos jene Männer,
die die Neue Welt entdeckten und eroberten;
doch oft genug erwuchs ihr Mut
aus bloßer Goldgier und Ruhmsucht,
oft genug waren sie blind für das namenlose Leid,
das durch die Eroberer über die Indianer kam.
Nicht so berühmt wie jene Entdecker und Eroberer
wurde Bartholomé de las Casas,
der in der spanischen Besitzung Hispaniola lebte.
Als ihm eines Tages bewußt wurde,
daß die Indianer genauso wie die Weißen
Geschöpfe Gottes waren,
denen das Recht auf ein menschenwürdiges Leben zustand,
entließ er die ihm zugeteilten Indianersklaven,
die für ihn im Bergwerk Gold schürfen mußten,
und setzte sich dadurch dem Unverständnis
und der Feindschaft der anderen Kolonisten aus.
Fortan kämpfte er unermüdlich dafür,
daß die Indianer als Menschenbrüder geachtet würden.
Er kehrte nach Spanien zurück,
trat vor den Kaiser
und forderte ihn auf,
Gesetze zum Schutz der Indianer zu erlassen.
Bis zu seinem Tode setzte er sich
– unbekümmert um alle Anfeindungen – für das ein,
was er aus liebevoller Erkenntnis als richtig erachtete –
wahrhaft ein Vorbild an Furchtlosigkeit und Mut!

„Johannes Gutenberg hat den Buchdruck erfunden" –
das ist so leicht gesagt;
doch wie hat er das gemacht?
Indem er mit kühnem Weitblick erkannte,
in welch ungeheurem Ausmaß das Bedürfnis nach Wissen
in der neuen Zeit gewachsen war,
und darüber nachsann,
auf welche Weise man Texte vervielfältigen könne,
um diesem Bedürfnis ausreichend Nahrung zu geben?
Indem er die Idee entwickelte,
mit Hilfe einzelner, aus Blei gegossener Buchstaben
Texte zu drucken, und sich zielstrebig ans Werk machte,
diese Idee in die Tat umzusetzen?
Indem er all das, was zum Drucken notwendig war –
Bleilettern und eine Druckerpresse – selbst herstellte
und in langwierigen und mühseligen Versuchen
das noch Fehlerhafte immer wieder verbesserte,
bis er nach jahrelanger Arbeit
den ersten gedruckten Text in Händen hielt?
Indem er sich mit dem Erreichten nicht zufrieden gab,
sondern unermüdlich
an der Vervollkommnung seiner Erfindungen weiterarbeitete,
bis er schließlich, wieder Jahre später,
eine Bibel drucken konnte,
die der schönsten handgeschriebenen gleichkam?

Wir, die wir von einer Flut von Gedrucktem umgeben sind,
können uns nur schwer vorstellen,
wie kostbar ein Buch einst war
– damals, als Bücher noch Buchstabe für Buchstabe
von Hand geschrieben werden mußten
und es jahrelange Arbeit erforderte,
ein einziges Buch fertigzustellen –,
welch kühner Weitblick notwendig war,
welch zielstrebige Beharrlichkeit,
trotz aller Fehlschläge nicht aufzugeben,
welch geduldige Feinarbeit,
um das Unzulängliche immer wieder zu verbessern,
bis Johannes Gutenberg zum ersten Mal das in Händen hielt,
was die Welt verändert hat wie kaum eine andere Erfindung
und was uns heute so selbstverständlich geworden ist:
ein gedrucktes Buch.

1888 brach Fridtjof Nansen gemeinsam mit fünf Gefährten auf,
um das Innere Grönlands zu erforschen.
Keinem Menschen war es zuvor gelungen,
über die Küstengebirge hinaus ins Landesinnere vorzudringen;
man vermutete damals, daß sich dort grüne Weiden befänden.
Sieben Wochen waren die Norweger unterwegs,
bis sie Grönland durchquert und die Westküste erreicht hatten;
sie brachten die Erkenntnis mit,
daß die Insel im Innern eine einzige Eiswüste war.

Vielleicht nicht weniger bedeutsam waren die Einsichten,
die Nansen gewann,
als er und seine Begleiter nun in einer Eskimosiedlung
überwinterten, um das nächste Schiff abzuwarten.
Mit den Eskimos zusammenlebend,
lernte er ihre Lebensweise, ihre Sprache,
ihre Gebräuche, ihre Lieder und Tänze kennen;
und er erkannte voll Achtung und Bewunderung,
wie tapfer und mit welch tiefem Wissen die Eskimos
– die bei den Europäern gemeinhin als „unzivilisierte Wilde" galten –
ihr Leben in der unbarmherzigen arktischen Einöde meisterten,
wie heiter, wie gutherzig und hilfsbereit,
wie friedvoll sie miteinander lebten.
Er schied im Frühjahr von ihnen als Freund,
als einer der ihren.

Der norwegische Forscher Fridtjof Nansen
brach 1893 mit einer Gruppe von Gefährten
zu einer Fahrt in das nördliche Polarmeer auf.
Er ließt die „Fram", die „Vorwärts", im Packeis festfrieren
und drei Jahre lang mit der Drift der arktischen Eismassen
nach Westen treiben.
Vom Schiff aus unternahm er gemeinsam mit einem Begleiter
zu Fuß einen Vorstoß zum Nordpol.
Über ein Jahr waren sie in der arktischen Eiswüste
unter unvorstellbaren Strapazen unterwegs –
so mußten sie sieben Monate lang in einer Höhle überwintern –,
bevor sie wieder festes Land erreichten und auf Menschen trafen.
Im Kampf gegen die unerbittliche Natur, gegen Kälte und Dunkelheit,
hatte Nansen gelernt,
auch bei scheinbar unüberwindlichen Schwierigkeiten
nicht aufzugeben.

In späteren Jahren
hatte er einen ungleich härteren Kampf zu bestehen,
gegen die Kälte und Dunkelheit in den Herzen der Menschen.
Er durchreiste Europa und organisierte Hilfsaktionen
für Kriegsgefangene, für Flüchtlinge
und für die hungernde Bevölkerung Sowjetrußlands.
Durch seinen unermüdlichen und unbeugsamen Einsatz
gegen Hunger und Elend
rettete er Millionen von Menschen das Leben.
1922 erhielt er den Friedensnobelpreis
für seine tätige Nächstenliebe,
in deren Dienst er sein Leben gestellt hatte.

Als Fridtjof Nansen fünfundsechzigjährig zum Ehrenrektor
der schottischen St.-Andrews-Universität ernannt wurde,
hielt er vor den Studenten eine Rede, in der er ihnen sagte:
„Euer Leben liegt noch vor euch, unbekannte Welten,
noch verborgen hinter Morgennebeln.
Wenn ihr vorwärtssegelt, tauchen neue Inseln auf.
Wie herrlich ist es, den Tag heraufdämmern zu sehen
und zu wissen, daß eine lange Fahrt durch neue Reiche
auf einen wartet!
Euer Glaube, euer Selbstvertrauen stehen am Steuer,
kein Sturm kann euch etwas anhaben.
Und schaut! Weit voraus, über Nebel und Gischt,
erhebt sich das Land des Jenseitigen.
Ein jeder von uns hat im Leben ein Land des Jenseitigen zu suchen;
es liegt an uns, den Weg dorthin zu finden.
Es ist ein langer und mühseliger Weg, doch was tut's –
in uns allen ist eine Stimme, die uns vorwärtstreibt,
der geheimnisvolle Drang unserer Seele,
das Unbekannte zu erforschen, Verborgenes zu entdecken,
unsere Sehnsucht nach dem Land jenseits der bekannten Grenzen,
unser Streben, etwas zu tun, was das Leben reicher macht.
Wenn wir unserer inneren Stimme unbeirrt folgen,
uns von Nächstenliebe und Selbstlosigkeit leiten lassen,
dann werden wir dem vielleicht großartigsten Ziel näherkommen
    können:
zu uns selbst zu finden."

(Nach Wilhelm Meissel: Fridtjof Nansen – Held ohne Gewalt)

Fridtjof Nansen

Von allen, die mein Auge selbst gekannt
aus denen, die der Menge hoch entragen
(und viele durft' ich nach dem Sinn befragen!),
am tiefsten hat mich Nansens Art gebannt.

Er war ein Starker, der in jungen Jahren
aus Wagemut, aus hellem Überschaum
von keines Menschen Fuß durchmeßnen Raum,
des Nordens weite Welt von Eis befahren.

Dann hat an seinem Volk er Dienst getan,
hat neues Wissen lotend sich ergründet,
in edler Zeichnung reine Kunst verkündet –

um auf der Höhe seiner Lebensbahn
nur eins zu tun: der Menschen Leid zu mindern,
zu retten und zu helfen und zu lindern.

(Albrecht Haushofer: Moabiter Sonette)

Mahatma Gandhi,
jener unscheinbare Mann,
der – nur mit einem Baumwolltuch und Sandalen angetan –
einem armen Bettelmönch gleichsah,
hatte aufgrund seiner weisheitsvollen Würde,
seiner kraftvollen, unbeirrbaren Entschlossenheit,
großen Einfluß auf den Kampf des indischen Volkes
gegen die britische Kolonialherrschaft.
Er lehrte die Inder die Kraft des „Satyagraha",
des Festhaltens an Wahrheit und Gerechtigkeit;
er lehrte sie, Gewalt nicht mit Gegengewalt zu beantworten,
sondern durch unerschrockene Duldsamkeit und beharrlichen Wi-
    derstand,
durch Liebe und Seelenstärke
zu besiegen.

Der „Salzmarsch"

1929 gärte und brodelte es im indischen Volk;
die Erbitterung gegen die unnachgiebige britische Kolonialmacht
war aufs äußerste angewachsen,
und aller Augen richteten sich auf Gandhi;
man wartete ungeduldig auf ein Zeichen von ihm,
wie der Kampf gegen die britische Herrschaft fortan zu führen sei.
Gandhi zog sich sechs Wochen lang in seine Hütte zurück.
Dann schrieb er einen Brief an den britischen Vizekönig,
der jedoch unbeantwortet blieb.
Daraufhin begann er einen Fußmarsch zur Küste hin;
von einer immer größerwerdenden Menschenmenge begleitet,
erreichte er nach vierundzwanzig Tagen das Meer.
Er bückte sich und nahm etwas von dem Salz,.
das sich dort am Ufer abgelagert hatte, in seine Hände –
ein Verstoß gegen die Gesetze,
laut derer Salz nur in Regierungsläden
gekauft werden durfte.
Tausende begannen nun, seinem Beispiel folgend,
sich ihr Salz selbst aus dem Meereswasser zu bereiten.
Sechzigtausend Menschen, darunter auch Gandhi,
wurden festgenommen;
die Gefängnisse waren überfüllt,
die Kolonialverwaltung drohte zusammenzubrechen.
Der britische Vizekönig war gezwungen,
Gandhi zu einem Gespräch zu empfangen
und Zugeständnisse zu machen –
für Indien ein bedeutsamer Schritt
auf dem Weg in die Unabhängigkeit.

Sophie Scholl schrieb als Achtzehnjährige in einem Schulaufsatz:
„So wenig ich einen klaren Bach sehen kann,
ohne nicht mindestens die Füße hineinzuhängen,
genausowenig kann ich an einer Wiese zur Maienzeit vorübergehen.
Es gibt nichts Verlockenderes als solchen duftenden Grund,
über den die Blüten der Wiesenkerbel wie ein lichter Schaum schweben,
daraus Obstbäume ihre blütenbesteckten Zweige recken ...
Ich muß mich hineinsinken lassen
in diese reiche Fülle vielgestaltigen Lebens ...
Ich liege ganz ruhig im Gras ...
Durch die blühenden Zweige eines Apfelbaumes sehe ich
den blauen Vorsommerhimmel über mir,
freundliche weiße Wolkengebilde schwimmen sacht durch mein
    Blickfeld.
Wenn ich meinen Kopf wende, berührt er
den rauhen Stamm eines Apfelbaumes neben mir.
Wie beschützend er seine guten Äste über mir ausbreitet!
Spüre ich nicht, wie unaufhörlich Säfte aus seinen Wurzeln steigen,
um auch das kleinste Blättchen sorgend zu erhalten?
Höre ich vielleicht einen geheimen Pulsschlag?
Ich drücke mein Gesicht an seine dunkle, warme Rinde
und bin so unsäglich dankbar in diesem Augenblick." –
Drei Jahre später schloß sich Sophie Scholl
der Widerstandsgruppe „Die Weiße Rose" an;
im Kampf gegen das zerstörerische Unrechtsregime
ging sie entschieden, mit starkem inneren Mut
ihren Weg.
(Nach Hermann Vinke: Das kurze Leben der Sophie Scholl)

Hans Scholl wurde 1938 zu einem Manöver eingezogen.
In einem Brief an seine Schwester schrieb er:
„In meiner Brusttasche trage ich die Knospe einer Rose.
Ich brauche diese kleine Pflanze,
weil das die andere Seite ist,
weit entfernt von allem Soldatentum.
Man muß immer ein kleines Geheimnis mit sich herumtragen."
Drei Jahre später begründete er gemeinsam mit Freunden
die Widerstandsgruppe „Die Weiße Rose".
Im Kampf gegen das Unrechtsregime
ging er entschieden, mit starkem inneren Mut
seinen Weg.
(Nach Hans und Sophie Scholl: Briefe und Aufzeichnungen)

In Hans Scholls Briefen und Tagebuchnotizen, die 1941 und 42 entstanden,
brachte er zum Ausdruck, wie tief er die Schönheit der Natur erlebte
und wie schmerzlich er im Gegensatz dazu das Elend,
das der Krieg mit sich brachte, empfand.
„Wenn auch der Mai mit Regen bei uns einzog", so schrieb er,
„leuchtete doch das schönste Grün auf allen Fluren.
Aus einer kleinen Lücke im dunklen Wolkenmeer brach ein Sonnenstrahl,
und die Welt lachte und glitzerte im Licht des Himmels.
Ich stand da und staunte." –
„Ja, ich sehe die Schöpfung, die gut ist.
Aber ich sehe auch das Werk der Menschen, das Zerstörung heißt
und das die Unschuldigen immer heimsucht." –
„Soll man nun hingehen, ein kleines Haus bauen,
mit Blumen vor den Fenstern und einem Garten vor der Tür,
und der Welt mit ihrem Schmutz den Rücken kehren?
Ist nicht Weltabgeschiedenheit Verrat, Flucht? ...
Ich bin schwach, aber ich will das Rechte tun."
(Nach Hans und Sophie Scholl: Briefe und Aufzeichnungen)

Hans Scholl wurde 1942, nach Beendigung des Medizinstudiums,
zur Wehrmacht eingezogen und kam als Assistenzarzt nach Rußland.
„Über der Ebene hängen graue Wolken", notierte er in seinem Tagebuch.
„Der Horizont ist wie ein silbernes Band, das Himmel und Erde trennt.
Auf der Erde aber leuchten die Farben durch den leichten Regen
nicht minder in allen Tönen des Braun, Gelb und Grün.
Wenn weit in der Ferne ein Lichtstrahl durch die Wolkendecke fällt,
erstrahlt eine Fläche Landes gleich einem Spiegel,
dann lacht die Erde wie ein Kind, aus dessen Augen
durch Tränen hindurch ein Lächeln bricht.
Und welche Pracht der Blumen blüht an diesem Bahndamm,
überall, neben zerfallenen Häusern, ausgebrannten Güterwagen,
verstörten Menschengesichtern.
Blumen blühen und Kinder spielen ahnungslos zwischen den Trümmern."
In einem Brief an eine Freundin schrieb er:
„Trümmer und Licht zur gleichen Zeit –
das Nebeneinander ist Widerspruch.
Was ist nun wahr? ...
Ich bin schwach, aber ich will das Rechte tun."
(Nach Hans und Sophie Scholl: Briefe und Aufzeichnungen)

Im Sommer 1942 bildete sich in München die Widerstandsgruppe
„Die Weiße Rose",
der auch die Geschwister Hans und Sophie Scholl angehörten;
unter Lebensgefahr druckten und verteilten sie Flugblätter,
auf denen sie zum Widerstand gegen das Unrechtsregime aufriefen.
Im Herbst desselben Jahres schrieb Sophie Scholl, einundzwanzigjährig,
einer Freundin in einem Brief:
„Die roten Dahlien am weißen Gartentor, die hohen ernsten Tannen
und die zitternden goldbehangenen Birken
mit ihren leuchtenden Stämmen vor all dem grünen und rostfarbenen Laub-
    werk,
die goldene Sonne,
die die leuchtende Farbenkraft eines jeden einzelnen Dinges noch erhöht ...,
alles ist so zum Staunen schön ...,
trotz des Schrecklichen, das geschieht.
In meine bloße Freude an allem Schönen
hat sich etwas großes Unbekanntes gedrängt,
eine Ahnung nämlich von seinem Schöpfer,
den die unschuldigen erschaffenen Kreaturen mit ihrer Schönheit preisen. –
Deshalb eigentlich kann nur der Mensch häßlich sein,
weil er den freien Willen hat,
sich von diesem Lobgesang abzusondern.
Und jetzt könnte man oftmals meinen,
er brächte es fertig, diesen Gesang zu überbrüllen
mit Kanonendonner und Flüchen und Lästern.
Doch dies ist mir im letzten Frühling aufgegangen,
er kann es nicht,
und ich will versuchen, mich auf die Seite der Sieger zu schlagen."
(Nach Hans und Sophie Scholl: Briefe und Aufzeichnungen)

Sophie Scholl, Mitglied der Widerstandsgruppe „Die Weiße Rose",
wurde im Februar 1943, einundzwanzigjährig, verhaftet,
als sie zusammen mit ihrem Bruder Flugblätter verteilte.
Am Morgen der Gerichtsverhandlung
erzählte sie ihrer Zellengenossin ihren Traum:
„Ich trug an einem sonnigen Tag ein Kind
in langem weißen Kleid zur Taufe.
Der Weg zur Kirche führte einen steilen Berg hinauf.
Doch fest und sicher trug ich das Kind in meinen Armen.
Da plötzlich war vor mir eine Gletscherspalte.
Ich hatte gerade noch soviel Zeit,
das Kind auf der anderen Seite niederzulegen,
dann stürzte ich in die Tiefe." –
„Das Kind ist unsere Idee", fügte sie erklärend hinzu.
„Sie wird sich trotz aller Hindernisse durchsetzen.
Wir durften Wegbereiter für diese Idee sein."
Kurze Zeit später wurde sie abgeholt;
furchtlos und gelassen, mit einem Lächeln im Gesicht,
ging sie ihren Weg.
Die Anklageschrift ließ sie zurück;
auf die Rückseite hatte sie das Wort „Freiheit" geschrieben.

(Nach Inge Scholl: Die Weiße Rose)

Der Amerikaner Edgar Mitchell,
der 1971 mit einer Raumfähre den Mond umkreiste
und dabei einen Erdaufgang beobachten konnte,
beschrieb dieses Erlebnis so:
„Plötzlich taucht hinter dem Rand des Mondes
in langen und langsamen Momenten von grenzenloser Majestät
ein funkelndes blaues und weißes Juwel auf,
eine helle, zarte, himmelblaue Kugel,
von langsam wirbelnden, weißen Schleiern umgeben.
Allmählich steigt sie empor,
wie eine kleine Perle in einem dunklen Meer,
geheimnisvoll und unergründlich:
die Erde, unsere Heimat!" –
„Dieses schöne, warme, lebende Wesen",
so schilderte der amerikanische Astronaut James Irwin
den Anblick der Erde vom Weltraum aus,
„sah so zerbrechlich, so zart aus, als ob es zerbröseln würde,
wenn man es nur mit dem Finger anstieße.
Ein solcher Anblick muß einen Menschen einfach verändern,
muß bewirken,
daß er das Schöpfungswerk und die Liebe Gottes dankbar aner-
kennt."

(Nach Kevin W. Kelley: Der Heimatplanet)

Pham Tuan, vietnamesischer Kosmonaut,
der 1980 in einem sowjetischen Raumschiff die Erde umrundete,
berichtete über seine Erfahrungen:
„Nach acht Flugtagen im Weltraum erkannte ich,
daß der Mensch die Höhe vor allem braucht,
um die Erde, die so vieles durchlitten hat, besser zu verstehen
und um manches zu erkennen,
was aus der Nähe nicht wahrgenommen werden kann.
Nicht allein, um von ihrer Schönheit in Bann geschlagen zu werden,
sondern auch, um zu einem Verantwortungsgefühl dafür zu finden,
daß nichts, was wir tun, die Natur in auch nur geringstem Maße
Schaden leiden lassen darf."
Ähnlich äußerte sich der deutsche Kosmonaut Sigmund Jähn:
„Bereits vor meinem Flug wußte ich,
daß unser Planet klein und verwundbar ist.
Doch erst, als ich ihn in seiner unsagbaren Schönheit und Zartheit
aus dem Weltraum sah, wurde mir klar,
daß der Menschheit wichtigste Aufgabe ist,
ihn für zukünftige Generationen zu hüten und zu bewahren."
(Nach Kevin W. Kelley: Der Heimatplanet)

„Alle Teile des Weltalls", so schrieb der Dichter Ernesto Cardenal,
„stehen untereinander in Verbindung.
Das Kalzium unseres Körpers ist auch im Meer enthalten.
Wir haben es aus dem Meer mitgebracht,
denn unser Leben entstammt dem Meer.
Und das Kalzium unseres Körpers und des Meeres
ist auch in den Sternen und in den interstellaren Ozeanen,
aus denen die Sterne hervorgegangen sind, vorhanden.
Die Sterne sind eine Konzentration
der dünnen Materie der interstellaren Räume;
sie sind aus ihnen hervorgegangen wie wir aus dem Meer.
In Wirklichkeit sind die interstellaren Räume
und die Räume zwischen den Milchstraßen ja auch nicht leer.
Das ganze Weltall besteht aus der gleichen Materie,
die nur mehr oder weniger verdünnt oder konzentriert ist,
so daß der ganze Kosmos eigentlich ein einziger Körper ist.
Die Elemente der Meteoriten, die von den entferntesten Sternen kamen
– Kalzium, Eisen, Kupfer und Phosphor –,
sind die gleichen wie die unseres Planeten und wie die unseres Körpers.
So sind wir praktisch aus Sternen gemacht.
In unserem Körper vereinigen sich alle lebendigen Tiere und alle Fossilien,
alle Metalle und die gesamten Elemente des Universums."

(Nach Ernesto Cardenal: Die Stunde Null)

„Wenn wir uns", so schrieb der Dichter Ernesto Cardenal,
„in einer sternenklaren Nacht in die Unendlichkeit des Weltalls vertiefen –
unsere Milchstraße hat weit über eine Milliarde Sterne,
und es gibt 100 Millionen Milchstraßen im erforschbaren Weltall –,
dann sollten wir uns nicht klein und unscheinbar fühlen,
sondern uns vielmehr gerade unserer Größe bewußt sein.
Denn der menschliche Geist ist unendlich viel größer als alle Welten,
weil er sie verstehen und in sich aufnehmen kann."

(Nach Ernesto Cardenal: Die Stunde Null)

Nachdem ich erwacht bin,
besinne ich mich noch einen Augenblick in Ruhe.
Ich überlege mir,
daß es um diese Zeit in Bolivien noch Nacht ist.
Ich stelle mir vor,
wie jetzt, in diesem Augenblick,
in La Paz ein Junge meines Alters am Straßenrand liegt,
mit Pappkartons zugedeckt;
vor Erschöpfung ist er trotz der Kälte und des Hungers
auf seinem harten Nachtlager eingeschlafen.
In ein paar Stunden beginnt wieder sein langer Arbeitstag;
durch den Verkauf von Zeitungen und durch Schuheputzen
wird er versuchen, sich ein paar Münzen zu verdienen.

Ich stehe auf,
sehe in dankbarer Erwartung dem entgegen,
was der Tag für mich bereithält,
entschlossen, verantwortungsvoll damit umzugehen,
mein Bestes zu geben.

Ich erwache.
Mich noch einen Augenblick in Ruhe besinnend,
stelle ich mir vor,
wie jetzt, in diesem Augenblick,
in Kamerun ein Mädchen meines Alters aufsteht,
wie es – nachdem es sein karges Frühstück verzehrt hat –
aufs Hirsefeld hinausgehen wird,
um unter sengender Sonne den ausgedörrten Boden zu hacken.

Ich stehe auf,
in dankbarer Erwartung dessen,
was der Tag für mich bereithält,
entschlossen, verantwortungsvoll damit umzugehen,
mein Bestes zu geben.

Arbeitsbericht zu
den Zeugnissprüchen

Die Gestaltung und Handhabung der Zeugnissprüche, wie sie sich in der Arbeit mit meinen beiden Klassen entwickelt haben, mögen in manchem vom Üblichen abweichen. Die Ausführungen dazu sind jedoch keineswegs als Anleitung gedacht. Sie können vielleicht dazu anregen, den Umgang mit Zeugnissprüchen zu reflektieren und sich bewußt zu entscheiden, was man an Bewährtem beibehalten und was man verändern möchte, um seine pädagogischen Intentionen zu verwirklichen. „Jede festwerdende, dauerhaft werdende Form in der pädagogischen Praxis bedarf der wachen Infragestellung, des immer erneuten Zugriffs", schrieb Gabriele Böttcher 1985 in einem Aufsatz über „Erfahrungen mit Großstadtschülern".[1] Das gilt heute mehr denn je; „überlieferte, traditionell liebgewordene Wege und Mittel, Schulüblichkeiten und übernommene Ideen bleiben mehr und mehr wirkungslos gegenüber den Problemen gegenwärtiger Erziehungssituationen."[2] In diesem Sinne hoffe ich, daß die folgenden Ausführungen und vor allem auch die Sprüche selbst Anregungen vermitteln können, eigene Wege zu suchen.[3]

---

1. Gabriele Böttcher: Erfahrungen mit Großstadtschülern. In: *Erziehungskunst*, 2/ 1985.

2. Ebd.

3. Es sei hier erwähnt, daß fest tradierte Gepflogenheiten an nichtdeutschen Waldorfschulen nicht in dem Maß bestehen wie bei uns; so bekommen die Kinder an englischen Waldorfschulen die Sprüche nicht zum Schuljahresende, sondern zum Geburtstag („birthday verses").

Versmaße und Reime

Das Versmaß eines Spruchs (der Rhythmus, in dem betonte und unbetonte Silben aufeinanderfolgen) kann das, was man dem Kind durch den Inhalt, durch das Bild sagen möchte, wesentlich unterstützen:[4] Es kann befeuernd oder sammelnd sein, kann das Kind mehr aus sich heraus oder mehr nach innen führen. Besonders wirksam ist ein Wechsel des Versmaßes innerhalb eines Spruchs: Man läßt den Spruch mit einem Rhythmus beginnen, der dem Wesen des Kindes entspricht, der ihm leichtfällt, führt das Kind dann aber in einen anderen Rhythmus hinein, der ihm naheliegt: „So dürftest du in deinem Wesen noch mehr werden!"[5]

Unterschiedliche Zeilenlängen haben etwas Aufweckendes an sich, man kann nicht so hineinträumen wie in einen gleichmäßigen Rhythmus; die kürzere Zeile, die am Ende einer Strophe oder eines Spruchs steht, wirkt wie ein kräftiger Schlußpunkt.[6]

Damit das Kind in seinem sprachlichen Vermögen an seinem Zeugnisspruch wachsen kann, sollte dieser durch seine Geformtheit – durch Reim, Versmaß und gleichmäßige Zeilenlängen – ausreichend Halt und Hilfe bieten, andererseits aber auch eine Anforderung darstellen. Hier das rechte Maß zu finden, für das einzelne Kind und für die Klasse insgesamt, ist eine Aufgabe, die sich jedes Jahr aufs neue stellt. Dabei wird sich der Charakter der Sprüche gewiß im Lauf der Schuljahre ändern. So kam in den Sprüchen für die 2. Klasse der Trochäus $(-\cup)$[7] am häufigsten vor, in der 3. Klasse war der Jambus $(\cup-)$ – der auch schon in vielen Zweitklaßsprüchen vertreten war –

---

4. Hilfreich, um ein Bild vom Charakter der verschiedenen Versmaße zu gewinnen, waren mir vor allem: Hedwig Greiner-Vogel: Die Wiedergeburt der Poetik aus dem Geiste der Eurythmie. Dornach 1983; und: Martin Georg Martens: Rhythmen der Sprache. Ihr Leben im Jahreslauf. Dornach 1976.

5. Siehe dazu Heinz Müller: Von der heilenden Kraft des Wortes und der Rhythmen. Die Zeugnissprüche in der Erziehungskunst Rudolf Steiners. Stuttgart 1967, S. 22 f. – Solche Rhythmusänderungen finden sich z.B. bei: „Sprach der König ..." und „Sie saßen grad ..." (2. Klasse), „Im eisigen Schneesturm ..." (3. Klasse), „Sieh, wie der Tintenfisch ..." (5. Klasse).

6. Siehe z.B.: „Mein Engel gibt mir stets Geleit ...", „Was am Tag ich hab' erfahren ..." und „Aus tiefem Erdengrunde ..." (3. Klasse), „Kraftvoll treibt ..." (4. Klasse).

7. $-$ = betonte, $\cup$ = unbetonte Silbe.

vorherrschend. Beide Rhythmen entsprechen dem ruhigen Erzählstrom der Märchen und Legenden, wobei der Trochäus mehr sammelnd ist, von außen nach innen führt, der Jambus mehr eine hinausführende Wirkung hat. Nach Hedwig Greiner-Vogel[8] spiegelt sich im Trochäus wider, daß Weltengedanken aus dem Umkreis aufgenommen werden und im Innern zur Ruhe kommen; der Jambus dagegen repräsentiert das Willenshafte, die Gliedmaßenkraft, die nach außen strebt.

Für die 4. Klasse „entdeckte" ich den Amphibrachys ($\cup - \cup$); in seiner beschwingten, mitreißenden Lebendigkeit, als Versmaß der ausgewogenen Mitte, des Gleichgewichts zwischen Kopf und Herz, erschien er mir für Kinder in diesem Alter besonders wohltuend.

Im Unterricht der 5. und 6. Klassen lernen die Kinder Hexameter-Verse kennen, leben sich in die harmonisch und kraftvoll dahinschreitende Sprache dieser Verse ein.[9] Allgemein gilt, daß der Rhythmus dichterisch gestalteter Sprache aus dem innerlichen Rhythmus des Menschen, dem Verhältnis zwischen Atem und Blutkreislauf erwachsen ist, Abbild dessen ist, was der Mensch „in jedem Augenblicke seines Lebens hier auf der Erde ist: das Produkt von Atmung und Blutzirkulation. Das gliedert er künstlerisch in Silbe und Maß, in Silbe und Zahl".[10] Dies gilt für den Hexameter in besonderem Maß; hier ist das 1:4-Verhältnis zwischen Atem und Pulsschlag ganz unmittelbar gegeben: Auf jeweils vier im Sprachfluß dahinpulsierende betonte Silben (wobei die Zäsur, die Atempause, auch als „stumme Betonung" zu rechnen ist) kommt ein Atemzug ($*$):

---

8. Die Charakterisierungen der Versmaße, die sich bei Hedwig Greiner-Vogel finden (a.a.O., siehe Anm. 4, S.75 ff.), weichen von denen, die Heinz Müller (a.a.O., siehe Anm. 5) gibt, ab: Er schreibt dem trochäischen Versmaß eine weckende Wirkung zu; mit ihm „wird man sich an Kinder wenden, die man ein wenig aus ihrer Ruhe locken will" (S.72), wohingegen der Jambus „besonders die Sanguiniker in ihrem Wesen strafft und konzentriert". (S.76)

9. Zum Hexameter siehe: Friedrich Hiebel: Die Botschaft von Hellas. Bern/München 1953, Kap. 6.2; und: Christa Slezak-Schindler: Künstlerisches Sprechen im Schulalter. Stuttgart 1978, S.120 ff.; hier finden sich zahlreiche Übungsbeispiele und Hinweise für den Unterricht.

10. Rudolf Steiner und Marie Steiner-von Sievers: Die Kunst der Rezitation und Deklamation. GA 281, Dornach 1967, 29.03.1923, S.149.

Aútis epéita pepónde ⚹ kylíndeto láas anáides. ⚹
(Pólternd kóllert hinúnter ⚹ ins Féld der tückische Stéinbock. ⚹)
(Homer: Odyssee, XI, 598)[11]

Das dem Hexameter zugrunde liegende Versmaß ist der Daktylus
(– ∪ ∪), es kommen aber auch andere Versmaße vor – vor allem der
Spondeus (– –) –, damit ein lebendiger und sinntragender Sprachfluß
entstehen kann. Hexameter-Verse sind aufgrund ihres 1:4-Rhythmus
wie geschaffen dafür, eine Harmonisierung des Atems zu fördern. Sie
sind ohnehin eine wertvolle Ergänzung der Geschichtsepoche und
des Erzählstoffs der 5. Klasse, in der man den Kindern das Griechen-
tum nahebringen möchte.

Hexameter-Verse werden von den Kindern nicht bloß sprechend,
sondern auch gehend erübt, dem ursprünglichen Charakter des
Hexameters angemessen; er entstammt ja einer Zeit, in der die
Menschen noch viel stärker mit ihrem ganzen Wesen in der Sprache
lebten. „Das Wesen des Hexameters besteht darinnen, daß er ... den
Rhythmus der Beine hineinbringt. Nicht umsonst sagen wir Versfüße.
... Der ganze Mensch geht in dasjenige über, was der Kopf produ-
ziert."[12] Wie wohltuend ist es für die Kinder, Sprache nicht nur
gedanklich zu erfassen, sondern sie auch in ihrer rhythmischen Qua-
lität gefühlsmäßig zu erleben und im Gehen willenshaft zu durchdringen, gerade heute, wo Sprache in Gefahr ist, in einseitiger Ab-
straktheit und Intellektualität zu verdorren. Man kann die Kinder zu
jeder Silbe einen Schritt gehen lassen, was ihnen hilft, deutlich zu
artikulieren; überwiegen wird jedoch wohl eine ruhigere Gehweise,
bei der die Kinder jeweils zu den „Pulsschlägen", den betonten
Silben (Rudolf Steiner nennt sie „Willensschläge"[13]), ihre Schritte
machen.

Man sollte den Kindern nicht vorenthalten, Hexameter-Verse auch
in der kraftvollen, wohltönenden griechischen Urfassung kennenzu-
lernen. Wenn man nach Hexameter-Versen deutscher Dichter sucht,

---

11. Die Übersetzung stammt von Johann Heinrich Voss.

12. Rudolf Steiner und Marie Steiner-von Sievers: Sprachgestaltung und dramatische
Kunst. GA 282, Dornach 1969, 07.09.1924, S.99.

13. Rudolf Steiner und Marie Steiner-von Sievers: Die Kunst der Rezitation und
Deklamation. GA 281, Dornach 1967, 06.10.1920, S.37.

wird man ohnehin feststellen, daß es sich überwiegend nicht um reine Hexameter, sondern um Distichon-Verse handelt.[14] Bei dem Distichon steht in jeder zweiten Zeile anstelle des dritten und sechsten Daktylus jeweils nur eine einzelne betonte Silbe; diese Zeilen werden ohne Atempause in der Mitte gesprochen, was einen längeren Atem verlangt und die Kinder schon ein Stück über die Hexameter-Form hinausführt:

Hást du die Wélle geséhen, ✳ die űber das Úfer einhérschlug, ✳
Síehe, die zwéite, sie kómmt, róllet sich sprűhend schon aús.
(Goethe)

Es liegt nahe, daß der Hexameter und das Distichon auch in die Zeugnissprüche der folgenden Schuljahre Eingang finden und daß die Kinder sich mit solchen Sprüchen auch gehend auseinandersetzen. Eine Reihe von Sprüchen der 7. Klasse ist auf Grundlage des 1:4-Hexameter-Schemas gestaltet; statt des Daktylus verwendete ich jedoch auch andere Versmaße, vor allem den Trochäus (– ◡):

Kráftvoll wáchst der Hálm, ✳ strébt zum Lícht empór. ✳

In der 7. Klasse können zu den Hexameter- und hexameterähnlichen Sprüchen auch solche hinzutreten, die im Blankvers gestaltet sind. Der Blankvers hat meistens keinen Endreim, aber eine festgelegte Zeilenform. Er ist aus fünf Jamben gebildet (◡ –). Er tritt in vielen Dramen auf, bei Schiller etwa oder bei Shakespeare, und ist somit auch bei Achtklaßspielen häufig vertreten:

Vor díeser Línde sáß ich jűngst, wie héut,
Das schőn Vollbráchte fréudig űberdénkend.
(Schiller: Wilhelm Tell)

Der Weg, der von den gereimten Zeugnissprüchen der ersten Schuljahre zu ungereimten Sprüchen in der Mittelstufe führte – wobei

---

14. Reine Hexameter-Verse findet man noch in Goethes „Achilleis". Zur Entwicklung vom Hexameter zum Distichon siehe: Hedwig Greiner-Vogel, a.a.O. (siehe Anm. 4), Kap. 17 und 18. Hier wird auch deutlich, daß das Distichon eine menschheitliche Bewußtseinswandlung widerspiegelt, die der Entwicklung der 12- bis 14jährigen entspricht: „Mit dem schmerzvollen Verlust der Götterwelt kündigt sich ein freies Ichbewußtsein an", dem Bilderbewußtsein des Hexameters stellt sich ein „gedanklich reflektierendes Innensein gegenüber". (S.187)

letztere durch den Hexameter oder hexameterähnliches Versmaß und durch den Blankvers noch stark geformt waren –, mündete schließlich zum Ende der Klassenlehrerzeit hin in freier gestalteten Texten, die sich mehr einem Prosatext annäherten.[15] Bei diesen Sprüchen verwendete ich auch Zitate, die mir geeignet erschienen. (Das würde ich in Zukunft bei einer 8. Klasse noch vermehrt tun.) Solche frei gestalteten Sprüche, in deren Sprache sich nicht so stark wie beim Hexameter leibliche Rhythmen widerspiegeln, entsprechen auch der Entwicklung der Kinder, wenn sie sich zum Ende der Klassenlehrerzeit der Erdenreife nähern:[16] Vorher war das Gefühlsleben und die davon durchdrungene Sprache noch innig in das Körperliche eingebettet. Bei den 12-, 13-, 14jährigen aber emanzipiert es sich allmählich aus diesem Eingebundensein; das Seelisch-Geistige wird zu einer eigenständigen Kraft. Die Kinder müssen nun auch lernen, die Sprache als individuelles Ausdrucksmittel ihres Seelenlebens zu handhaben; für sie sind solche frei gestalteten Sprüche ein Übungsfeld, eine angemessene Herausforderung. Für den Lehrer können sie eine Unterstützung sein bei dieser „wunderbaren, wirklich das Innere begeisternden Aufgabe ..., die Sprache allmählich loszulösen vom Körperlichen".[17]

Zur Zeichensetzung der Zeugnissprüche sei noch angemerkt, daß sie stärker als bei einem zum Lesen bestimmten Text die Funktion hat, Hinweise für das Sprechen – für die Satzmelodie und für die Pausen – zu geben. Dabei hängt das Gewicht der Pausen und dementsprechend die Verwendung der Satzzeichen nicht nur von der grammatischen Struktur der Sätze ab, sondern auch von der Zeileneinteilung und den Reimen. Das Komma markiert eine leichte Zäsur, der Punkt bzw. das Ausrufezeichen bilden einen kräftigen Abschluß eines Satzbogens. Das Semikolon steht in seiner Gewichtigkeit zwischen Komma und Punkt. Vor allem Sätze, die mit dem ersten der beiden Reimwörter enden, kommen ja nicht ganz und gar zum

---

15. Unter den Siebtklaßsprüchen finden sich einige, die einmal als Blankvers, einmal in freier Textform gestaltet sind: „Ich schau' in Ruhe ..."/"Eine Kastanie ...", „Der weiße Flaum ..."/"Weißer Flaum ...", „Ich geh' den mühsam-steilen Pfad ..."/"Ich folge ..."

16. Siehe dazu: Rudolf Steiner: Gegenwärtiges Geistesleben und Erziehung. GA 307, Dornach 1973, 08.08.1923.

17. Ebd., S.81.

Abschluß, sondern leben gewissermaßen auf das zweite Reimwort hin; hier kann ein Semikolon gut angebracht sein.

Die Gestaltung der Laute

Bei der Gestaltung eines Zeugnisspruchs spielen neben seinem Inhalt, dem Bild und dem Versmaß auch die Laute eine wichtige Rolle; bei Heinz Müller[18] stehen sie sogar im Vordergrund. Daß die Laute in ihren unterschiedlichen Qualitäten auf die Kinder wirken, hatte ich bei der Arbeit an den Sprüchen wohl im Blick; jedoch blieb mir neben dem Bemühen, den Inhalt, der mir vorschwebte, in ein bestimmtes Versmaß und in Reime zu fassen, nicht allzuviel Spielraum, dies noch zu berücksichtigen. Im nachhinein stellte ich allerdings manchmal freudig überrascht fest, wie gut passend – zum Inhalt des Spruchs und auch für das betreffende Kind – sich die Laute gefügt hatten. In den Fünftklaßsprüchen versuchte ich, hier und da Wörter mit gleichen Anfangslauten aufeinanderfolgen zu lassen, um auf diese Weise den willenstärkenden Stabreim, der im Jahr zuvor eine wichtige Rolle im Unterricht gespielt hatte, weiterhin wirken zu lassen.

Zur Handhabung der Sprüche

Da ich den Kindern die Zeugnissprüche nicht nur überreichen, sondern auch zu Gehör bringen wollte, es mir jedoch nicht als sinnvoll erschien, am letzten Schultag einen ganzen Klassensatz Sprüche vorzulesen, stellte ich der Klasse in den letzten zwei Wochen vor Schuljahresende täglich einige der Sprüche vor. Für wen sie gedacht waren, erfuhren die Kinder allerdings erst am letzten Schultag, als jedes Kind seinen Spruch – im Zeugnis und auf einem Kärtchen – überreicht bekam. So wurden die Zeugnissprüche zunächst in ihrer Gesamtheit der ganzen Klasse gleichsam als Geschenk übergeben und dann auf die einzelnen Kinder verteilt.

In dieser Vorgehensweise spiegelt sich wider, daß die Zeugnissprüche nicht nur den einzelnen Kindern zugehörig sind, sondern im Lauf des Schuljahres auch immer mehr zum gemeinschaftlichen Gut

---

18. Heinz Müller, a.a.O. (siehe Anm. 5).

werden: Jedes Kind macht sich seinen Spruch allmählich zu eigen, indem es ihn lernt und indem es beim Aufsagen daran arbeitet, ihn immer geformter und ausdrucksvoller zu sprechen. Jedes Mal aber, wenn ein Kind seinen Spruch vorträgt, schenkt es ihn auch immer aufs neue den anderen Kindern. So verbinden sich die Kinder mehr und mehr nicht nur mit ihrem eigenen Spruch, sondern mit den Sprüchen insgesamt, und über die Sprüche auch mit den anderen Kindern.

Unterstützt werden kann dieser Prozeß dadurch, daß die Kinder in der 2. und 3. Klasse ein „Zeugnisspruchheft" führen, in das sie im Lauf des Schuljahres nach und nach die Sprüche der anderen Kinder eintragen, in „Sonntagsschönschrift" und mit Bildern versehen. Dabei tauschen sie ihre Zeugnisspruchkarten untereinander aus. So wird über das Zeugnisspruchschreiben (das im übrigen auch der Schreibgeläufigkeit zugute kommt) die Verbundenheit zwischen den Kindern gefördert. Eine wichtige verbindende Erfahrung kann es auch sein, wenn einzelne Kinder Gelegenheit bekommen, ihren Spruch der Klasse beizubringen, indem sie ihn eine Zeitlang täglich vorsprechen, zuerst zeilen-, dann strophenweise. Zum Schluß eines jeden Schuljahres ließ ich die Kinder ihre Zeugnissprüche tauschen. Der eingetauschte Spruch war zu lernen, was den Kindern keine besondere Mühe bereitete, nachdem ihnen inzwischen alle Sprüche gut vertraut geworden waren. Es wurde dann zu einem besonderen Erlebnis, einen Spruch, den ein bestimmtes Kind immer in der ihm eigenen Art aufgesagt hatte, einmal auf ganze andere Weise vorgetragen zu bekommen und ihn so neu wahrnehmen zu können.

Dieser Aspekt – daß die Sprüche in ihrer Gesamtheit der ganzen Klasse zugedacht waren – trat für mich im Lauf der Schuljahre noch mehr in den Vordergrund. So ging ich in der Mittelstufe dazu über, gegen Ende des Schuljahres einen Klassensatz von Sprüchen (manchmal waren es noch ein paar mehr) zusammenzustellen, so wie es mir von den Inhalten und dem Versmaß her als für die Klasse geeignet erschien, ohne jedoch die Sprüche schon einzelnen Kindern zuzuordnen. Wenn ich sie den Kindern dann kurz vor Schuljahresende vorstellte, forderte ich sie auf, mir einige Sprüche zu nennen, mit denen sie sich am stärksten verbinden könnten. Dann verteilte ich die Sprüche auf die Kinder; zum einen schaute ich mir die Wünsche jedes einzelnen Kindes daraufhin an, welche davon mir individuell besonders passend erschienen, zum anderen sollten natürlich möglichst alle Sprüche „untergebracht" werden. Jedes Jahr wieder machte ich mich mit großer Spannung und auch ein wenig Bangen daran, die Wünsche der Kinder auszuwerten: Würden alle Sprüche – auch die langen – von den Kindern angenommen werden, oder würden sich die Kinder auf einige wenige „Favoritensprüche" stürzen? Und jedes Mal ergab sich zu meiner Freude und Erleichterung, daß sich die Sprüche bis auf wenige Ausnahmen gut auf die Klasse verteilen ließen. Wenn ich mir die nichtgewählten Sprüche näher anschaute, mußte ich mir im Grunde auch sagen, daß sie durchaus berechtigterweise links liegengelassen worden waren, daß sie tatsächlich nicht so recht geglückt oder für diese Altersstufe nicht so geeignet waren.

Es gab zwar einige Kinder, die sich gezielt einen kurzen Spruch suchten; die Mehrzahl aber traf die Auswahl nach inhaltlichen Gesichtspunkten, selbst am Ende der 7. Klasse noch, wo die Begeisterung der Kinder, vor der Klasse zu stehen und etwas aufzusagen, sich doch sehr in Grenzen hält. Hier wählten so viele Kinder die ja recht langen Sprüche, die von den Geschwistern Scholl handelten,[19] daß ich aus Briefen und Tagebüchern einige weitere Texte zu diesem Thema zusammenstellte. Insgesamt hatten die Kinder bei ihren Auswahlen ein gutes Gespür, was für sie individuell besonders geeignet war, und nicht selten dachte ich bei den Wünschen, die die Kinder angegeben hatten: „Das hätte ich selbst nicht treffender aussuchen können!"

Ab dem Ende der 5. Klasse ging ich auch in Einzelfällen dazu über, zwei Kindern, die beide denselben Lieblingsspruch angegeben hatten, eben diesen Spruch gemeinsam zu geben, nachdem ich sie vorher gefragt hatte, ob sie damit einverstanden wären; das war in der Regel der Fall. In den folgenden Schuljahren kamen die Kinder selbst auf die Idee, mit einem Freund oder einer Freundin zusammen einen gemeinsamen Wunschzettel auszufüllen. Es war dann

---

19. Da für die Inhalte der 8. Klasse keine Möglichkeit besteht, sie im darauffolgenden Schuljahr nachklingen zu lassen – die Neuntkläßler bekommen ja keine Zeugnissprüche mehr –, ließ ich sie in die Sprüche für die 8. Klasse mit einfließen. Beim Vorstellen dieser Sprüche gab ich den Kindern, als eine Art Vorblick, einen skizzenhaften Überblick über die betreffenden Themen.

durchaus bereichernd, einige Sprüche das Schuljahr über auf zwei unterschiedliche Arten vorgetragen zu bekommen.

Bei dem geschilderten Umgang mit den Zeugnissprüchen, wie er sich in meinen Klassen entwickelt hat, verläuft der sonst übliche Prozeß, bei dem die individuell zugeteilten Zeugnissprüche allmählich gemeinschaftliches Eigentum der Klasse werden, umgekehrt: Die der Klasse als Ganzes gegebenen Sprüche werden im zweiten Schritt zum „persönlichen Eigentum", unter Umständen jedoch mehr als bei einem vom Lehrer noch so sorgsam individuell ausgewählten Spruch. Es ist ja heute gerade bei älteren Schülern nicht mehr unbedingt so, daß sie von vornherein bereit sind, einen Spruch innerlich anzunehmen, indem sie sich sagen: „Dieser Spruch, von der geliebten Autorität für mich ausgewählt, ist auf jeden Fall der richtige für mich." Keineswegs aber möchte ich dieses Vorgehen allgemein zur Nachahmung empfehlen. Ich kann nur sagen, daß es sich in meinen beiden Klassen gut bewährt hat und bewirkte, daß die Kinder sich mit ihrem selbst ausgewählten Spruch von vornherein gut verbinden konnten. Diese Verbundenheit aber war für die Arbeit an den Sprüchen eine äußerst günstige Voraussetzung: Sie brachte mit sich, daß das Aufsagen der Sprüche das ganze Schuljahr hindurch nicht zur Routine wurde, sondern sich als ein intensiver und lebendiger Arbeitsprozeß gestaltete.

Nach den großen Ferien kamen zunächst die Kinder mit dem Aufsagen an die Reihe, die ihren Spruch schon gelernt hatten und sich freiwillig dazu bereiterklärten – ihre Zahl nahm natürlich im Lauf der Mittelstufe ab –, dann richtete sich die Reihenfolge nach der Länge des Spruchs. Nachdem alle Kinder einmal drangekommen waren, gab es eine feste Einteilung, die für das ganze Schuljahr galt. Und zwar stellte ich die Zeugnissprüche so zusammen, daß in jedem Hauptunterricht drei, höchstens vier Kinder ihre Sprüche vortrugen.[20] Die Sprüche, die an einem Tag erklangen, waren nach inhalt-

---

20. Vielfach sagen die Kinder ihre Sprüche an dem Wochentag auf, an dem sie geboren sind. Eine solche Einteilung hat gewiß ihren Sinn – siehe dazu Heinz Müller, a.a.O. (siehe Anm. 5), S.17 f. –; sie bringt aber mit sich, daß an einigen Tagen wenige, an anderen Tagen sehr viele Kinder an der Reihe sind, wobei noch hinzukommt, daß die Samstags- und Sonntagskinder ja auf die anderen Wochentage zu verteilen sind; dadurch wird ein gesammeltes Sprechen und Zuhören und ein Arbeiten an den Sprüchen doch sehr erschwert.

lichen Gesichtspunkten zusammengestellt: Sie entstammten unterschiedlichen Bereichen, waren aber oft durch ein gemeinsames Motiv verbunden. So waren vielleicht Sprüche aus der Geschichte, der Erdkunde und der Pflanzenkunde beieinander, und in allen dreien wurde das „geduldige Bemühen, ein Ziel zu erreichen", angesprochen. Sprüche zum selben Thema sollten dicht aufeinanderfolgen, damit sie zusammen wahrgenommen werden konnten, in ihrer Ähnlichkeit und Verschiedenheit; sie kamen an aufeinanderfolgenden Tagen zu Gehör.

So kamen die Kinder etwa alle 14 Tage an die Reihe. Dieser Abstand erwies sich als günstig dafür, daß die Sprüche von den Vortragenden und den Zuhörern immer wieder neu ergriffen wurden und die Bereitschaft zum Sprechen und zum Zuhören das Schuljahr über erhalten blieb.

Es kann hilfreich sein, das Aufsagen der Sprüche durch einen besonderen Rahmen herauszuheben und dadurch eine Atmosphäre der Sammlung zu schaffen. In meiner Klasse gab es vor dem Aufsagen der Sprüche eine kleine musikalische Improvisation mit Klangstäben, die zunächst pentatonisch, dann diatonisch zusammengestellt waren; ab der 3. Klasse spielten die Kinder zweistimmig. Dieses Improvisieren gestaltete sich zunehmend anspruchsvoller; es wurde bis in die Mittelstufe beibehalten.

Ab der 3. Klasse sagten die Kinder zum Schluß des Schuljahres (nachdem die getauschten Sprüche vorgetragen worden waren) noch einmal ihren eigenen Spruch auf, dazu aber noch einen ihrer früheren Zeugnissprüche, als eine Art Rückblick auf die vergangenen Schuljahre, auf den schon zurückgelegten Weg. Die Auswahl an Sprüchen wurde natürlich jedes Jahr reichhaltiger. Wenn dann schließlich ein Achtkläßler seinen Märchenspruch aus dem 2. Schuljahr vortrug, freuten sich alle!

Zum Schluß

Man könnte die Zeugnissprüche als eine Art „Wegzeichen" sehen für den Weg, den der Klassenlehrer mit den Kindern gemeinsam geht und auf dem er sie nach Kräften in ihren Entwicklungsschritten zu unterstützen sucht.

Einen besonderen Stellenwert haben die Sprüche der 8. Klasse, da sie ja die letzten sind, die der Klassenlehrer den Kindern gibt; das, was er ihnen durch diese Sprüche sagen möchte, wird er ihnen nicht nur für das eine Schuljahr, sondern auch für ihre weitere Zukunft mit auf den Weg geben wollen.[21] Eine Alternative wäre, den Kindern erst gegen Ende der 8. Klasse, wenn es auf den Abschied zugeht, „Geleitsprüche" für ihren weiteren Weg zu geben. Ich habe letzteres vorgezogen, und ich verteilte um Ostern herum solche Geleitsprüche – keine selbstverfaßten, sondern Dichterverse[22] –, die dann gelernt und vorgetragen wurden.

Ich übergab den Kindern die Geleitsprüche in der Hoffnung, daß sie zu solchen Gedichten nun einen reicheren und eigenständigeren Zugang finden würden und daß ihr gewachsenes Sprachvermögen ihnen dabei helfen möge, ihre Erdenaufgabe zu erfüllen.

---

21. Heinz Müller bringt Beispiele dafür, daß Zeugnissprüche – auch solche aus früheren Klassen – über die Schulzeit hinaus Bedeutung haben und „Lebenshilfe" geben können (a.a.O. [siehe Anm. 5], S.24 f. und S.39 f.).

22. Unter anderem bekamen die Kinder folgende Gedichte: Friedrich Schiller: „Sprüche des Konfuzius", Johann Wolfgang von Goethe: „Sprüche" (Auswahl), Conrad Ferdinand Meyer: „Die Felswand", „Das Fundament" und „Der römische Brunnen", Christian Morgenstern: „Wer vom Ziel nichts weiß" und „Stilles Reifen", Ernst Stadler: „Der Spruch", Rainer Maria Rilke: „Herbst" und „Ich lebe mein Leben", Albrecht Haushofer: „Kosmos" und „Fridtjof Nansen", Hans Carossa: „Der alte Brunnen", Hermann Hesse: „Stufen" und „Tagebuchblatt", Erika Beltle: „Herbsttag" und „Michaelizeit".

Anfangs- und Schlußsprüche im Hauptunterricht

Wenn man als Klassenlehrer morgens zu Beginn des Hauptunterrichts seine Klasse vor sich sieht, kann man den deutlichen Eindruck gewinnen, daß es für die Kinder – von denen viele ja schon weite Wege hinter sich haben und vielfältigen Eindrücken ausgesetzt waren – gar nicht so einfach ist, wirklich „anzukommen". So ergab sich mir die Frage, wie man ihnen dabei helfen kann, sich zu sammeln, bevor sie sich dem von Rudolf Steiner gegebenen Morgenspruch,[1] dem Augenblick tiefster innerer Besinnung, zuwenden. Ich wollte den Kindern gleichsam sagen: „Ihr seid auf dem äußeren Weg, der euch von zu Hause in die Schule geführt hat, angekommen. Es ist aber auch wichtig, daß ihr auf dem inneren Weg ankommt, der euch jeden Morgen von der geistigen Welt, der Welt der Engel – in der eure Seele während des Schlafes weilte –, in die

---

1. Die beiden Morgensprüche – die Rudolf Steiner den Lehrern der Stuttgarter Waldorfschule in der Konferenz am 26.09.1919 gegeben hat – finden sich u.a., mit Erläuterungen versehen, bei: Christa Slezak-Schindler: Künstlerisches Sprechen im Schulalter. Hg. durch die Pädagogische Forschungsstelle beim Bund der Freien Waldorfschulen, Stuttgart 1978, S.105 ff.
Siehe dazu auch:
– Benediktus Hardorp: Der Morgenspruch in der Waldorfschule – Blicklenkung der Schüler oder Indoktrination? In: *Erziehungskunst*, 10/1989.
– Reinhart Fiedler: Der Morgenspruch. Vom täglichen Unterrichtsbeginn in der Waldorfschule. In: *Erziehungskunst*, 9/1990. (Beide Aufsätze finden sich auch in: Helmut Neuffer [Hg.]: Zum Unterricht des Klassenlehrers an der Waldorfschule. Stuttgart 1997.)
– Georg Kniebe: Noch einmal: Zur Lesart der Morgensprüche. In: *Lehrerrundbrief*, Nr.61, Nov. 1997.

irdische Tagwelt führt." Aus solchen Überlegungen heraus entstand der folgende Spruch, den ich mit meiner jetzigen Klasse von Anfang an und mit meiner vorherigen Klasse ab dem 2. Schuljahr gesprochen habe:[2]

> Mein Engel, der des Nachts die Seele
> führet durch die Sternenweiten,
> wird auf meinem Erdenwege
> mich beschützend stets geleiten;
> so kann ich freudig, voll Vertraun
> dem Tag entgegenschaun.

Der Spruch erklingt, nachdem die Kinder sich zum Morgenspruch hingestellt und wir uns gegenseitig begrüßt haben. Er wird von folgenden Bewegungen begleitet (siehe Abbildungen S.172 ff.):

(1)   (2)   (3)   (4)
Mein Engel, der des Nachts die Seele führet durch die Sternenweiten,

            (5)   (6)   (7)
wird auf meinem Erdenwege mich beschützend stets geleiten;

                    (8)   (9)
so kann ich freudig, voll Vertraun dem Tag entgegenschaun.

Die Hände sind zum Schluß dann schon für den Morgenspruch gefaltet. Auch inhaltlich führen die Worte der letzten Zeile auf den Beginn beider Morgensprüche zu. Wobei der Schutzengelspruch dadurch, daß er von Bewegungen begleitet wird, auch deutlich – das erscheint mir ebenfalls wichtig – von dem darauffolgenden Morgenspruch abgesetzt ist.

Sich zu Beginn des Unterrichts zu sammeln, sich noch einmal vor Augen zu halten, daß man bei seinem Tun von seinem Engel begleitet wird, ist gewiß auch für den Lehrer wohltuend. Er hat dabei auch die Möglichkeit, sich einem bestimmten Kind innerlich zuzuwen-

---

2. Die Kinder zu Beginn des Unterrichts zu sammeln ist gewiß heute eine allgemeine Notwendigkeit. Dies kann jedoch auf sehr verschiedene Weise geschehen. Der im folgenden wiedergegebene Spruch ist als ein Beispiel gedacht und mag als Anregung dienen, eigene Wege und Formen zu suchen.

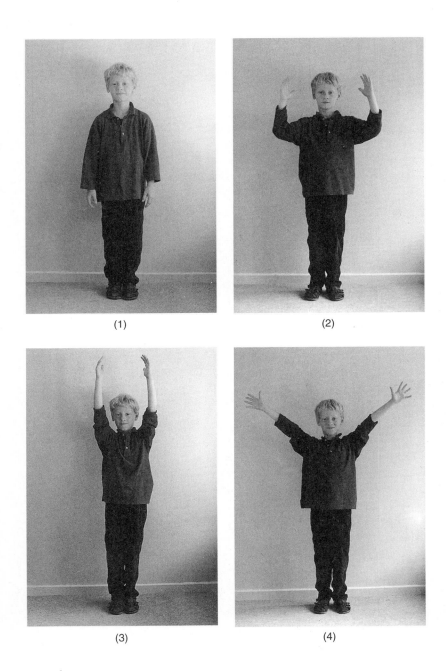

(1)

(2)

(3)

(4)

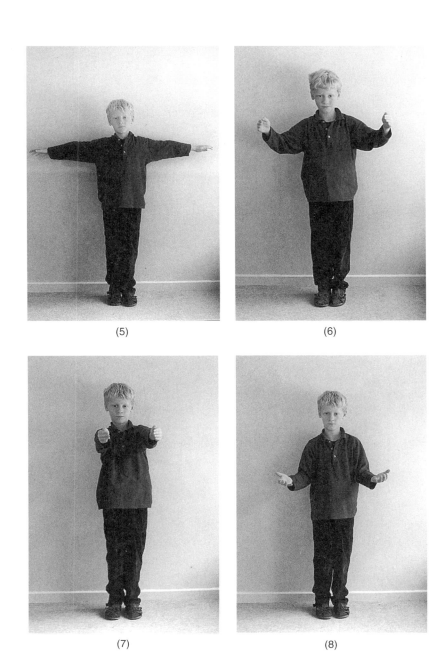

(5)

(6)

(7)

(8)

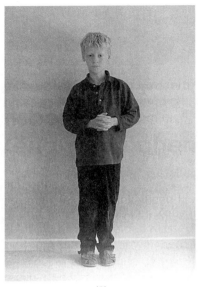

(9)

den, ihm den Spruch sozusagen zu widmen, und sich dabei zu
vergegenwärtigen: „Hinter diesem Kind steht sein Schutzengel!" Dies
kann besonders auch im Umgang mit einem Kind, mit dem der
Lehrer es gerade schwer hat, hilfreich sein.

Wie bedeutsam es für die Menschen der heutigen Zeit ist, mit der
Tatsache bewußt zu leben, die in dem Spruch angedeutet ist, daß
der Mensch in der Nacht in die geistige Welt eintaucht und mit
seinem Engel in Verbindung tritt, darauf weist Rudolf Steiner in verschiedenen Vorträgen nachdrücklich hin: „Allerwichtigstes geht während des Schlafes vor sich ... Wenn der Mensch aus dem Tagesbe-
wußtsein in das Schlafbewußtsein übergeht, das ja für die Menschen
der Gegenwart im Grunde ein unbewußter Zustand ist, dann ist er
nicht in seinem physischen Leibe und nicht in seinem ätherischen
Leibe. Er ist während des Schlafens ein rein geistiges Wesen."[3] Er

3. Rudolf Steiner: Geistige Zusammenhänge in der Gestaltung des menschlichen
Organismus. GA 218, Dornach 1972, 12.11.1922, S.130. (Entsprechende Darstellun-
gen finden sich auch in zwei anderen Vorträgen dieses Bandes: 09.10.1922 und
05.11.1922.)

erlebt die Planetenbewegungen, indem er sie innerlich nachbildet. Dann, im Stadium des tiefsten Schlafes, „kommt das Fixsternerlebnis. Man ist aus der Planetensphäre – nur in der Nachbildung – heraus und erlebt die Konstellationen der Fixsterne. Man erlebt also tatsächlich vom Einschlafen bis zum Aufwachen das ganze kosmische außerirdische Dasein."[4]

„Man denke nur, wie viele Menschen, die mit rein dem Materiellen Zugewendeten die Abendstunden verbringen, sich dann dem Schlafe übergeben, ohne die Empfindung zu entwickeln – sie wird ja nicht recht lebendig aus der materialistischen Gesinnung heraus – ...: Der Schlaf vereinigt uns mit der geistigen Welt, der Schlaf schickt uns hinüber in die geistige Welt. – Und wenigstens sollten die Menschen nach und nach dasjenige entwickeln, was sie sich mit den Worten sagen können: Ich schlafe ein. Bis zum Aufwachen wird meine Seele in der geistigen Welt sein. Da wird sie der führenden Wesensmacht meines Erdenlebens begegnen ..., da wird sie dem Genius begegnen. Und wenn ich aufwachen werde, werde ich die Begegnung mit dem Genius gehabt haben. Die Flügel meines Genius werden herangeschlagen haben an meine Seele.

Ob man eine solche Empfindung lebendig macht, wenn man an sein Verhältnis zum Schlafe denkt, oder ob man es nicht tut, davon hängt sehr, sehr viel ab in bezug auf die Überwindung des materialistischen Lebens."[5]

„Davon muß gesprochen werden, daß der Mensch ein starkes Bewußtsein durch das ganze Tagesleben tragen soll: Was du tust vom

---

4. Ebd., S.131.

5. Rudolf Steiner: Bausteine zu einer Erkenntnis des Mysteriums von Golgatha. GA 175, Dornach 1996, 20.02.1917, S.67 f.

Siehe zu diesem Thema auch:
– Jörgen Smit: Die Wesenswirkung aus der Nacht in der Entwicklung der Kinder und Jugendlichen. In: Jörgen Smit: Der werdende Mensch. Zur meditativen Vertiefung des Erziehens. Stuttgart 1989.
– Ernst-Michael Kranich: Die Veränderungen von Wachen und Schlafen im Kindes- und Jugendalter. In: Stefan Leber u.a.: Der Rhythmus von Wachen und Schlafen. Seine Bedeutung im Kindes- und Jugendalter. Stuttgart 1990.
– Hans-Werner Schroeder (im Gespräch mit Wolfgang Weirauch): Der Mensch als Partner des Engels; und: Helmut von Kügelgen (im Gespräch mit Birgit Diebel-Alberts): Das Schicksalswirken der Engel; beide in: FLENSBURGER HEFTE 23: Engel. Flensburg ³1997.

Morgen bis zum Abend, das hast du vorher in der Zeit vom Einschlafen bis zum Aufwachen mit deinem Engelwesen verhandelt."[6]

„Nur dann, wenn der Mensch ganz innerlich durchdrungen ist
von dieser Gesinnung, wird er in der richtigen Weise Entschlüsse
fassen, wird er [aus der Nacht] Gedanken herübernehmen in seinen
Tageslauf hinein."[7] Des weiteren heißt es in diesem 1919 gehaltenen
Vortrag sogar: „Was alles wäre anders geworden in den letzten vier
bis fünf Jahren, wenn diese Gesinnung die Menschen durchdrungen
hätte."[8]

Es war mir ein Anliegen, den Spruch über einen längeren Zeit-
raum in der Klasse erklingen zu lassen und so den Kindern Gelegenheit zu geben, sich mit den darin zum Ausdruck kommenden Bildern
intensiv verbinden zu können. Um ihn jedoch lebendig zu erhalten,
war es notwendig, die Art und Weise, wie er gesprochen wurde, im
Lauf der Zeit zu verändern, ihn auf die Entwicklung der Klasse ab-
zustimmen. So wurde er zunächst lange Zeit von allen Kindern gemeinsam gesprochen. Dann „wanderte" er eine Zeitlang durch die
Klasse, wurde der Reihe nach von jedem einzelnen Kind gesprochen, wobei die anderen Kinder die beschriebenen Bewegungen
ausführten. Später ließ ich ihn von einzelnen Kindern sprechen, die
sich dazu bereitfanden. Die Zahl dieser Kinder nahm im Lauf der 5.
Klasse „naturgemäß" ab; in diesem Alter möchte man sich ja nicht
mehr unbedingt auf solche Weise exponieren. So ging ich dazu über,
den Spruch selbst zu sprechen, und zwar nur am Wochenanfang. An
den übrigen Tagen erklang er gleichsam nur innerlich, indem wir
nach der Begrüßung schweigend die Bewegungen ausführten. In der
7. und 8. Klasse schließlich stellten sich die Kinder hin, und der
Schutzengelspruch wurde vor dem Morgenspruch von mir gesprochen.

In welcher Weise man einen solchen Spruch an die Kinder heran-
bringt, muß man natürlich für die jeweilige Klasse ganz individuell
entscheiden.

---

6. Rudolf Steiner: Der innere Aspekt des sozialen Rätsels. GA 193, Dornach 1977,
13.09.1919, S.128.

7. Ebd., S.127.

8. Ebd., S.127 f.

Von der 1. Klasse an war es mir ebenfalls ein Bedürfnis, dem Hauptunterricht durch einen Spruch einen gesammelten Abschluß zu geben. Da läßt sich gewiß Verschiedenes finden, was für die jeweilige Altersstufe geeignet ist. Als ein mögliches Beispiel seien die Sprüche, die von meinen beiden Klassen gesprochen wurden, genannt:

1. Klasse

Sommer bis Herbst:
„Vom Kopf bis zum Fuß ..."[9]

Nach den Herbstferien:
„Der Sonne Licht ..."[10]

2. Klasse

„Das Schöne bewundern ..."
(Von Rudolf Steiner für einen achtjährigen Jungen gegeben[11])

Nach den Osterferien:[12]

(A) Wieder hat mir Gott gegeben
neuen Tag in meinem Leben.
Froh will in die Welt ich gehn,
dankbar darf ich Schönes sehn,
darf ich sehn, wie aus der Erden
Pflanzen sprießen, größer werden,
wie sie blühen und gedeihn
durch Sternenkraft und Sonnenschein.

---

9. Enthalten in: Rudolf Steiner: Gebete für Mütter und Kinder. Dornach 1994.

10. Ebd.

11. Enthalten in: Rudolf Steiner: Wahrspruchworte. GA 40, Dornach 1978. Auch bei: Christa Slezak-Schindler, a.a.O. (siehe Anm. 1), S.96. Siehe dazu auch: Benediktus Hardorp: Beim Läuten der Glocken. In: *Erziehungskunst*, 8/1993, auch in: Helmut Neuffer, a.a.O. (siehe Anm. 1).

12. Die mit Buchstaben gekennzeichneten Sprüche entstanden „in eigener Werkstatt".

Kraftvoll will ich stets mich mühen,
daß aus meinem Herzensgrunde
klares Denken kann erblühen,
und zu jeder Tagesstunde
soll es reiche Früchte tragen;
gute Taten will ich wagen.

Durch mein gutes Tun und Handeln
wird sich meine Seele wandeln,
wird sie licht und lichter werden –
Himmelslicht, in mir, auf Erden.

3. Klasse

Weiterhin Spruch A.

Nach den Herbstferien:

(B) Wieder hat mir Gott gegeben
neuen Tag in meinem Leben.
Froh will in die Welt ich gehn,
dankbar darf ich Schönes sehn,
sehe in des Herbststurms Wehen
bunte Blütenpracht vergehen.
Doch der Pflanze Kraft bewahren
werden still die unscheinbaren
Samen, in der Erde geborgen
während kalter Winternacht,
bis an hellem Frühlingsmorgen
Pflanzenleben neu erwacht.

Was ich Liebes darf erfahren,
will im Herzen ich bewahren,
will es still und sorgsam hegen,
daß draus wachse neuer Segen.

Nach den Weihnachtsferien:

Weiterhin vorhergehenden Spruch B, aber – als eine
Art Aufwach- und Bewußtwerdungsmoment – mit

folgender Änderung der fünften bis siebten Zeile:

Sah ich in des Herbststurms Wehen
bunte Blütenpracht vergehen,
wußt' ich: Pflanzenkraft bewahren ...

Nach den Osterferien:
Spruch A.

4. Klasse

(C) Wieder hat mir Gott gegeben
neuen Tag in meinem Leben.
Meines Herzens warmes Fühlen,
meines Hauptes klares Denken
sollen meiner Hände Wirken,
all mein Tun zum Guten lenken,
daß mein Tagwerk gut gelinge,
segensvolle Frucht erbringe.

5. Klasse

Zunächst weiterhin Spruch C.

Nach den Herbstferien,
anknüpfend an die Geschichtsepoche:

Das liebeweckende Licht
des belebenden Sonnenwesens,
des göttlichen,
wollen wir sinnend in uns versenken,
auf daß es die Kraft unsres Denkens befeure!
(Indischer Sonnenaufgangsspruch, aus dem „Rigveda"[13])

---

13. Nach Karl Friedrich Althoff: Eine (neue) Materialsammlung für den Epochenunterricht über die Kulturperioden an den Freien Waldorfschulen. Selbstverlag, Heiligenberg 1980, S.2.

Nach den Weihnachtsferien:

Trage die Sonne auf die Erde.
Du Mensch bist zwischen Licht und Finsternis gestellt.
Sei ein Kämpfer des Lichtes!
Liebe die Erde!
In einen leuchtenden Edelstein
verwandle die Pflanzen,
verwandle die Tiere,
verwandle dich selbst.

(Altpersischer Spruch[14])

(In entsprechender Weise lassen sich gewiß auch andere auf die jeweiligen Epochen oder auch Jahreszeiten abgestimmte Sprüche finden.)

Ab 6. Klasse

(D) Warmherzig fühlend,
klarbewußt denkend,
zielstrebig wollend,
freigiebig schenkend
werde ich Lichtkraft
in mir selbst stärken;
Segen wird wachsen
aus meinen Werken.

---

14. Christa Slezak-Schindler, a.a.O. (siehe Anm. 1), S.117.

In einer mir mündlich überlieferten Fassung – die ich gern mit den Kindern gesprochen habe, für deren Authentizität ich mich aber nicht verbürgen kann – heißt es statt der sechsten Zeile: „Verwandle sie durch deine Arbeit / in einen leuchtenden Edelstein".

Weitere Sprüche
aus dem Hauptunterricht

Sprüche zur Einleitung des Epochenteils

1. Klasse

Gedanken klar und hell,
die Hand geschickt und schnell,
mit Ruhe, Fleiß und Mut,
dann wird die Arbeit gut!

(Statt „die Arbeit" kann auch – je nach Epoche – „das Zeichnen",
„das Malen", „das Schreiben" oder „das Rechnen" gesprochen werden.)

2. Klasse

Ich will mich besinnen,
dann freudig beginnen,
nicht trödeln, nicht schwätzen,
nicht hasten und hetzen,
will Schwieriges wagen
und nicht gleich verzagen;
beharrliches Streben,
mein Bestes zu geben,
wird schließlich mir bringen:
frohes Gelingen!

Spruch von den Gegensätzen (1. Klasse)

So hat Gott diese Welt gemacht:
mal heller Tag, mal dunkle Nacht.
Mal regnet's und ist trüb und kalt,
doch scheint die Sonne wieder bald.

Ja, auch den Menschen schuf Gott so:
mal traurig und dann wieder froh.
Mal schwätzt er, redet, was er will,
mal schweigt er, lauscht und ist ganz still.
Er kann hellwach, putzmunter sein,
wird dann auch müde, schläft tief ein.
Er kann schnell laufen, springen, gehn,
er kann auch ruhig aufrecht stehn,
kann kräftig laute Worte wagen,
kann leise liebe Worte sagen,
packt fest mit beiden Händen zu,
fühlt ganz behutsam, ganz in Ruh'.

Mal heller Tag, mal dunkle Nacht;
der Mensch mal weint, mal fröhlich lacht –
ist das nicht so recht wohl bedacht?

(Kann auf zwei Gruppen – auf eine „helle-lebhafte" und eine „dunkle-ruhige" – aufgeteilt werden; die erste, fünfte und letzte Zeile werden dabei von allen gesprochen.)

Spruch von den Händen (1. Klasse)

Mit zwei Händen hat Gott uns gemacht,
in der Welt zu wirken mit Bedacht.

Die Rechte ist die Meisterhand,
sie lernt und schafft geschickt, gewandt.
Mit Werkzeug, Schere, Messer
kommt sie zurecht viel besser.
Auch Zeichnen und das Schreiben
muß ihre Arbeit bleiben.

Zum Gruß reich' ich, das ist bekannt,
die Rechte stets, die Meisterhand.
Froh schau' ich meine Rechte an;
was die doch alles lernen kann!

Die Linke ist die Helferhand,
beim Helfen ist sie ganz gewandt;
die Rechte käm' sehr schlecht
ohn' ihre Hilf' zurecht:
Hülf' sie beim Hämmern, beim Schneiden nicht mit,
jeder Nagel würd' krumm und schief jeder Schnitt;
die schöne Schrift würd' zum Geschmier',
wenn sie nicht festhielt' das Papier.
Froh schau' ich meine Linke an;
wie gut sie der Rechten doch helfen kann!

Und soviel gibt's, was eine Hand
alleine niemals brächt' zustand;
gemeinsam nur schaffen sie's, zu zwein:
zu heben einen schweren Stein,
einen Ball, der geflogen kommt, zu fassen,
ein Lied auf der Flöte erklingen zu lassen,
einen Schal zu stricken, einen warmen,
jemand', den man gern hat, ganz lieb umarmen.

Zwei Hände habe ich, um Gutes zu tun;
doch beim Beten sie still ineinander ruhn.

(Bei der Einführung des Spruchs wird man gewiß darauf hinweisen,
daß es bei manchen Menschen mit der rechten und linken Hand
umgekehrt ist.)

Kleines Spiel von den Bäumen (2. Klasse)

Vier Kinder dürfen sich in der Klasse als Bäume aufstellen, als Birke, Linde, Eiche und Tanne – die den vier Temperamenten zugeordnet sind –; eine Gruppe von Kindern wandert von einem Baum zum andern.[1]

Die Wanderer:

Wir wandern, wir wandern
von einem Baum zum andern.
Wir wollen bei der Birke lauschen;
sie will uns ihr Geheimnis rauschen.

Die Birke:

Ich schmück' mich im Frühling mit licht-grünem Kleide,
mein Stamm schimmert hell, wie silberne Seide.
Wenn der Wind mit mir spielt, durch die Zweige streicht,
wie rascheln die Blätter dann fröhlich und leicht.
Jedoch gefällt's mir am allerbesten,
wenn Vögelein hüpfen in meinen Ästen.

---

1. Angeregt durch Willi Aeppli: Aus der Unterrichtspraxis an einer Rudolf-Steiner-Schule. Basel 1950, S.47 ff.: Heimatkunde in der 1. und 2. Klasse.

Die Wanderer:

Mögst du hier noch lange stehn!
Weiter wollen wir nun gehn.
Wir wandern, wir wandern,
von einem Baum zum andern.
Wir wollen bei der Linde lauschen;
sie will uns ihr Geheimnis rauschen.

Die Linde:

Bienenumsummt wieg' ich, die Linde,
wohlig die Zweige im Sommerwinde,
genieße die Sonne und auch den Regen,
wachse geruhsam dem Himmel entgegen.
Mein dichtes Blätterdach schenkt Schatten
den Wanderern, den müden, matten;
sie können gemütlich rasten und lauschen
dem Vogelgesang, dem Blätterrauschen.

Die Wanderer:

Mögst du ...

Die Eiche:

Mit mächtiger Krone steh' ich, die Eiche,
fest verwurzelt im Erdenreiche.
Und wenn der Herbststurm kommt gebraust
und heftig mir die Zweige zerzaust,
dann lach' ich nur und recke stolz
den starken Stamm aus hartem Holz.

Die Wanderer:

Mögst du ...

Die Tanne:

Ich steh' in dunkelgrünem Kleid
ernst und aufrecht allezeit.

Manch frostig-kalte Winternacht
hab' einsam sinnend ich verbracht;
doch trostreich blinkte mir dann ein Stern
hoch droben in der Himmelsfern.

Die Wanderer:

Mögst du hier noch lange stehn!
Heimwärts wollen wir nun gehn.
Wir sahen viel' Bäume, wir hörten ihr Rauschen,
wir durften ihr Geheimnis erlauschen.

WOLFGANG WEIRAUCH
Im Spiegel der Finsternis
Roman

252 Seiten, geb., DM 33,–
ISBN 3-926841-86-9

Zu beziehen über den Buchhandel
oder direkt beim Verlag
(zzgl. Porto u. Verpackung)

Flensburger Hefte Verlag
Holm 64, D-24937 Flensburg
Tel.: 0461 / 2 63 63   Fax: 0461 / 2 69 12
e-Mail: flensburgerhefte@t-online.de

Geheimnisvolle Lichtzeichen in der Burg auf der Insel rauben Samuel den Atem. Wer schleicht dort über die verbotene Insel? Wer ist der unheimliche Fremde, der nachts zu der Insel vor der Küste hinüberrudert?

Jeden Abend sitzt der Junge Samuel auf den Klippen hoch über dem Meer und sinnt über sein Leben nach. Von einem schweren persönlichen Schicksal getroffen, wird die ferne Insel mit der Burg Ziel seiner Träume. Noch ahnt er nicht, daß er kurz vor dem Drama seines Lebens steht.

Seine Neugier wird zu einer aufregenden Reise in das eigene Innere. In vielen Abenteuern, persönlichen Krisen und durch eine harte Schulung lernt er die Quelle des Bösen im Menschen kennen. In der Hitze der Wüste, in finsteren Grotten, durch Liebe, Eifersucht und Mordlust, aber auch durch viele praktische Übungen lernt Samuel sich selbst kennen und erfährt, wie man den Drachen im Menschen überwinden kann.

Ein spannender Roman für Jugendliche und Erwachsene. Ab 13 Jahren.

HENNING KULLAK-UBLICK (HG.)

Erziehung zur Freiheit – in Freiheit

AKTION MÜNDIGE SCHULE

160 Seiten, 15 farb. Abb., kart., DM 20,– ISBN 3-926841-94-X

Taugt die Schule des 20. Jahrhunderts noch für das 21. Jahrhundert? Wie können unsere Schulen zu Übungsstätten für individuelle und soziale Fähigkeiten werden, die ein lebenslanges Lernen in einer immer komplizierter werdenden Welt als Chance und nicht als Bedrohung ergreifen?

Dieses Buch möchte allen Eltern, LehrerInnen, SchülerInnen und Zeitgenossen Mut machen, initiativ zu werden, sich einzumischen und die Schule zum Ausgangspunkt einer wirklichen Kultur der Freiheit werden zu lassen. Obwohl sie mehr als 200 Jahre lang vom Staat betrieben, verwaltet und oft genug auch vereinnahmt wurde, ist Schule eine Angelegenheit aller Menschen. Soll Bildung nicht zur Ware, zum bloßen Lieferanten menschlicher Ressourcen für den Arbeitsmarkt verkommen, muß sie aus der lebendigen Begegnung von Menschen erwachsen.

Was braucht die Schule für ihre lebendige Entwicklung? Wie kann pädagogische Initiative an die Stelle einer bürokratischen Verwaltung treten? Was kann das Schulwesen von den jahrzehntelangen Erfahrungen der freien Schulen über Autonomie, Schulprofile und Selbstverwaltung lernen? Wie finanziert man ein freiheitliches Schulwesen? Wie kann Kontrolle zu Evaluation werden?

Mit Beiträgen von: Manfred Borchert, Ute Erdsiek-Rave, Irene Fröhlich, Gregor Gysi, Bernd Hadewig, Benediktus Hardorp, Johannes Kiersch, Henning Kullak-Ublick, Stefan Leber, Harm Paschen, Heide Simonis, Christoph Strawe, Peter Struck, Johannes Stüttgen, Johann Peter Vogel, Sybille Volkholz.

Bezug über den Buchhandel oder direkt beim Verlag (zzgl. Porto u. Verpackung)

Flensburger Hefte Verlag
Holm 64, D-24937 Flensburg
Tel.: 0461 / 2 63 63   Fax: 0461 / 2 69 12   e-Mail: flensburgerhefte@t-online.de